Otto Zsok

Vom Sinn und Unsinn des individuellen Leidens

Lebenspraktische Hilfen
in logotherapeutischer und spiritueller Sicht

Edition: Dr. Otto Zsok
Fürstenfeldbruck, September 2000

Anschrift des Autors:
Dr. Otto Zsok
Ordenslandstraße 7
D – 82256 Fürstenfeldbruck

Die Deutsche Bibliothek – CIP-Einheitsaufnahme
Zsok, Otto:
Vom Sinn und Unsinn des individuellen Leidens:
Lebenspraktische Hilfen in logotherapeutischer
und spiritueller Sicht/ Otto Zsok. –
Fürstenfeldbruck: Eigenverlag 2000
ISBN 3-00-006614-4

Edition: Dr. Otto Zsok, Fürstenfeldbruck
Erschienen im September 2000 (3. Aufl. 2003)
Umschlagabbildung: Bô Yin Râ (Joseph Anton Schneiderfranken): „*De profundis*", „aus der Tiefe erlöse o Herr meine Seele!"
Mit freundlicher Genehmigung des Kober-Verlages, Bern
Umschlaggestaltung: Erni A. Hartl
Satz: Dr. Otto Zsok
Druck und Bindung: Reprokopie , FFB, Fürstenfeldbruck
Alle Rechte bei Dr. Otto Zsok
ISBN 3-00-006614-4

Dieses Werk ist urheberrechtlich geschützt. Die dadurch begründeten Rechte, insbesondere der Übersetzung, des Nachdrucks oder der Vervielfältigung auf anderen Wegen und der Speicherung in Datenverarbeitungsanlagen, bleiben vorbehalten. Jede Verwertung außerhalb der engen Grenzen des Urheberrechtsgesetzes ist ohne Zustimmung des Autors unzulässig.

Inhaltsverzeichnis

Vorwort /4/
0. Einstimmung /5/
1. Leiden ist ein Teil des irdischen Lebens /11/
2. Leid ist weder „Schickung" noch etwas „Gottgewolltes" /13/
3. Leid ist nicht „die Heimsuchung Gottes" /17/
4. Alles in diesem Kosmos lebt aus polaren Gegensätzen /20/
5. Der wahre, lebendige Gott ist – ewige Liebe /22/
6. Leid ist unausweichlich in dieser Außen-Welt /31/
7. Veränderbares Leid rüttelt zu neuer Willensbildung auf! /42/
8. Unveränderbares Leid fordert zu neuer Einstellung heraus! /45/
9. Das Leiden spornt an, den Aus-Weg zu suchen! /46/
10. Die rechte Einstellung zum Leid fördert den Menschen! /60/
11. Auch die Freude könnte zum wahren/höheren Selbst hinführen! /68/
12. Die Kunst ist: Sich selbst in der Freude zu bewahren! /68/

Über die „Tugend" der Dankbarkeit /76/
Therapeutische und spirituelle Aspekte

Literaturverzeichnis /101/
Über den Autor /106/

Vorwort

Haben Sie sich schon gefragt, liebe Leserinnen und Leser, wieso und wozu das individuelle Leid gut sein soll? Haben Sie schon gemerkt, daß auch Sie manchmal leiden, ohne daß dafür *andere* verantwortlich sind? Sind Sie schon auf die Idee gekommen, daß Sie *sich selbst* eigentlich viel Leid *sparen* könnten? Wenn Sie hier mit *ja* antworten, – was ich einfach annehme, – haben Sie einen bedeutenden Schritt zur Vermehrung des Glücks und der Freude getan.

Interessiert Sie dieses Thema weiterhin, so folgen Sie dem Gang dieser Reflexionen. Auch hier bin ich dem *sinn- und wertorientierten* Ansatz der *Logotherapie* nach Viktor Emil *Frankl* (1905–1997) treu geblieben. Er war eine große Licht-Gestalt des 20. Jahrhunderts und wußte – als Überlebender von vier Konzentrationslagern – aus Erfahrung, was Leid ist und *wozu* es gut sein soll. Neben der logotherapeutischen Literatur und der Praxis beziehe ich mich öfters auf einen anderen Autor: *Bô Yin Râ* (1876–1943). Er hieß mit seinem bürgerlichen Namen: Joseph Anton Schneiderfranken und war Kunstmaler, Lebens-Lehrer und ein geistiger Meister. Auch er hat zum Thema Leid, aber auch zur Dankbarkeit, die mir in diesem Zusammenhang sehr wichtig ist, ins Gewicht Fallendes zu sagen.

Vielleicht werden Sie mit dem von mir geformten Material in manchen Punkten übereinstimmen und in anderen fühlen Sie heftige innere Widerstände. Vielleicht merken Sie: Dieses Thema bearbeitet, erschüttert, beunruhigt mich. Das ist gut so. Langweilig wird es Ihnen auf alle Fälle nicht sein, wenn Sie weiterlesen.
Ich wünsche Ihnen aus ganzem Herzen: – den hellwachen Zustand der geistigen Bewußtheit.
Mögen Sie das nun Folgende mit Gewinn lesen.

Dr. Otto Zsok   Fürstenfeldbruck, 10. August 2000

0. Einstimmung

Die Judenvernichtung während des Nationalsozialismus oder der Terror in Kosovo und überhaupt jeder mörderische Krieg waren, sind und bleiben entsetzliche, abgrundtiefe, boshafte Taten des Menschen an seinen Mitmenschen: Taten, die man nur als *sinnlos* und *böse* bezeichnen kann. In den meisten Fällen stehen hinter dem grauenvollen Geschehen einzelne, sogenannte „Führungspersönlichkeiten" bzw. „Führer" und „Politiker", denen freilich andere zu Dienste standen. Nur wenn wir Heutigen daraus soweit gelernt haben, daß wir nie mehr solch ein unermeßliches Leid – wie z.B. den zweiten Weltkrieg – auslösen und zulassen, nur dann ließe sich vorsichtig sagen: Im nachhinein *kann* die Menschheit jenes damals furchtbar böse und unsinnige Geschehen zum Anlaß für eine *moralische Wiedergeburt* nehmen und somit sich selbst anspornen, eine substantielle *Selbstverwandlung* zu vollziehen. Dann und nur dann ließe sich mit Recht behaupten: selbst jenes Furchtbare konnte/könnte für spätere Generationen Anlaß zum Abringen eines Sinns werden, insofern die heutige und spätere Generationen niemals mehr einen Vernichtungskrieg zulassen. Viktor E. *Frankl* (1905–1997), der nicht nur Arzt, Psychiater und Philosoph, sondern auch Überlebender von vier Konzentrationslagern war, – und deshalb wahrlich ins Gewicht Fallendes zum Leid sagen konnte, – äußerte in einem 1976 in Wien gehaltenen Vortrag: Es sei *möglich*, daß das Leiden dem Menschen die Chance biete, an ihm zu wachsen und sich zu ändern. Der israelische Maler und Bildhauer Yehuda Bacon habe dies am treffendsten beschrieben. Er kam bereits als Kind nach Auschwitz, berichtet Frankl, überlebte die Hölle des Konzentrationslagers, und fragte sich nach seiner Befreiung: was für einen Sinn die Jahre gehabt haben mochten, die er in Auschwitz verbracht habe. Und *Yehuda Bacon* fand folgende Antwort:

„Als Knabe dachte ich, ich werde der Welt schon sagen, was ich in Auschwitz gesehen habe – in der Hoffnung, die Welt würde einmal eine andere werden; aber die Welt ist nicht anders geworden, und die Welt wollte von Auschwitz nichts hören. Erst viel später habe ich wirklich verstanden, was der Sinn des Leidens ist.

Das Leiden hat nämlich (nur) dann einen Sinn, (...), wenn *du selbst* ein *anderer* wirst."¹

Die Menschheit scheint den mit dem Namen Auschwitz benannten Abgrund überwunden zu haben, aber das Leid ist in unserem Leben – trotz Wohlstand und technischer Entwicklung, trotz Konsum und Internet – nach wie vor schmerzlich präsent. Wir leiden vielfach und oft, weil *wir selbst* törichterweise uns Leid zufügen oder umgekehrt: Wir fügen anderen Leid zu, und bekommen irgendwann die Rückwirkungen zu spüren.

Das früher in die Welt gesetzte Böse – Terror und Vernichtungskriege – kann und sollte aber von vielen einzelnen Menschen zum Anlaß für eine *moralische Wiedergeburt* werden. Somit könnten viele sich selbst anspornen und motivieren, eine *substantielle Selbstverwandlung* zu vollziehen. Denn ohne Selbstveränderung und Selbstverwandlung ist keine Weltveränderung und keine Besserung in dieser irdischen Welt möglich. Davon redet auch folgende Weisheitsgeschichte, die von einem Sufi-Lehrer stammt. *Sufi Bayazid* sagte einmal seinem Schüler:

„In meiner Jugend war ich Revolutionär und mein einziges Gebet zu Gott lautete: ,*Herr, gib mir die Kraft, die Welt zu ändern.*' Als ich die mittleren Jahre erreichte und merkte, daß die Hälfte meines Lebens vertan war, ohne daß ich eine einzige Seele geändert hätte, wandelte ich mein Gebet ab und bat: ,*Herr, gib mir die Gnade, alle jene zu verändern, die mit mir in Berührung kommen. Nur meine Familie und Freunde, dann bin ich schon zufrieden.*' Nun, da ich ein alter Mann bin und meine Tage gezählt sind, beginne ich einzusehen, wie töricht ich war. Mein einziges Gebet lautet nun: ,*Herr, gib mir die Gnade, mich selbst zu ändern.*' Und Sufi Bayazid fügte noch hinzu: Wenn ich von Anfang an darum gebetet hätte, wäre mein Leben nicht vertan."²

Muß man ein alter Mann werden, um zu dieser Weisheit zu gelangen? Ich weiß es nicht. Sufi Bayazid war jedenfalls ein alter Mann, als er diese Geschichte erzählte. Seine Erkenntnis lautet:

---

¹ Viktor Frankl, Der Mensch vor der Frage nach dem Sinn, München: Piper Verlag 1985, S. 49.
² Anthony de Mello, Warum der Vogel singt? Geschichten für das richtige Leben, Freiburg: Herder Verlag 1988, S. 110.

Der Wunsch nach Weltveränderung ist töricht, wenn der Mensch damit nicht bei sich selbst beginnt. Die Menschheit aber erkennt diese Weisheit in ihren einzelnen Individuen. Selbst dann, wenn von Rassen und Klassen die Rede ist, gilt, was Viktor Frankl einmal so ausgedrückt hat:

„Es gibt nur zwei ‚Rassen': die Rasse der anständigen Menschen und die Rasse der unanständigen Menschen. Gerade deshalb, weil wir wissen, daß die Anständigen in der Minorität sind, ist jeder einzelne aufgerufen, diese Minorität zu stärken und zu stützen."[3]
Der einzelne Mensch stärkt die Minorität der Anständigen, wenn er bemüht ist, bei sich selbst eine seelische Neugeburt vorzubereiten.

Und in seiner berühmten Rede, gehalten am 10. März 1988 auf dem Wiener Rathausplatz vor 35.000 Zuhörern sagte Frankl Ähnliches:

„Der Nationalsozialismus hat den Rassenwahn aufgebracht. In Wirklichkeit gibt es aber nur zwei Menschenrassen, nämlich die ‚Rasse' der anständigen und die ‚Rasse' der unanständigen Menschen. Und die ‚Rassen*trennung*' verläuft quer durch alle Nationen und innerhalb jeder einzelnen Nation quer durch alle Parteien. ... Daß die anständigen Menschen in der Minorität gewesen sind und voraussichtlich auch bleiben werden – damit müssen wir uns abfinden. Gefahr droht erst dann, wenn ein politisches System die Unanständigen, also die negative Auslese einer Nation, an die Oberfläche schwemmt. Dagegen ist aber keine Nation gefeit, und in diesem Sinne ist auch jede Nation grundsätzlich holocaustfähig!"[4] In jeder Nation und in jedem einzelnen Menschen steckt potentiell das Wunderbar-Gute *und* das Grauenvoll-Mörderische.

Viktor Frankl hat gelehrt: Es sei nicht der Mensch, der die Frage nach dem Sinn stellen sollte, sondern – paradoxerweise – das Leben selbst befragt den Menschen, und er antwortet darauf, indem er sein Leben *verantwortet*. Somit ist seine Antwort eine *aktive*. Es handelt sich um eine stellungnehmende, Situationen und Beziehungen, Leid und Widerfahrnisse gestaltende, wertende

---

[3] Viktor Frankl, Der leidende Mensch, München: Piper Verlag 1990 S. 313.
[4] V. Frankl, Logotherapie und Existenzanalyse. Texte aus sechs Jahrzehnten, München: Quintessenz Verlag 1994, S. 299.

und sich entscheidende geistige Person, die im Tun und Lassen, im Geben und Nehmen, im Rückzug und in der Hingabe, also aktiv: in der Tat und durch die Tat, auf die Herausforderungen des Lebens antwortet. Die Antwort ist immer schon eingebettet in konkreten Situationen. Die Antwort des einzelnen Menschen vollzieht sich in einem Lebenszusammenhang, im Hier und Jetzt. Wie gehst du damit um, daß deine Tochter eine Behinderung hat? – fragt das Leben. Wie gehst du damit um, daß dein Sohn bei seiner Mutter lebt, und du nicht zu ihm darfst, obwohl du es könntest und willst? Wie gehst du damit um, daß du jemanden verloren hast, den du sehr geliebt hast? Und ich, dieser konkrete Mensch antworte darauf in *meinem* Lebenszusammenhang. Die Daseinsverantwortung ist also höchst konkret und immer bezogen auf *meine* Person und Situation; auf meine Situation, in der sich *Möglichkeiten der Wahl* auftun. Das Verantwortlichsein für die Verwirklichung der für mich richtigen *wertvollen* Möglichkeit – das ist der Sinn menschlichen (Da-)Seins.

Der Mensch als Subjekt und Person birgt in sich viele Potentialitäten, die zur Wirklichkeit werden können. Die Selbstverwirklichung bedeutet ja eben, eigene Möglichkeiten in die Wirklichkeit hinüberzuführen. Geht es aber tatsächlich darum, *alle* im Menschen selbst liegenden Möglichkeiten *wahllos* zu verwirklichen? Mit anderen Worten: Sind alle in einem Menschen potentiell schlummernde Möglichkeiten tatsächlich *verwirklichungswürdig*? Das ist hier die entscheidende Frage.

Schon *Sokrates* hat diesbezüglich eine Stellungnahme abgegeben, die bis heute, in gewissem Sinn, einen Maßstab setzt. Frankl bezieht sich darauf und schreibt: „Was wäre aus ihm geworden, wenn er alle in ihm schlummernden Möglichkeiten verwirklicht hätte? Er selbst hat darum gewußt, daß – unter anderen Möglichkeiten – auch die zum *Verbrecher* in ihm gelegen war. ... Das heißt so viel, daß es nicht darauf ankommen kann, irgendwelche Möglichkeiten zu verwirklichen, sondern es kommt jeweils darauf an, die eine Notwendigkeit – *das Eine, das not tut*, zu verwirklichen. Worauf es ankommt, kann also nicht sein, das jeweils Gekonnte zu leisten, sondern das jeweils *Gesollte*."[5]

---

[5] V. Frankl, Der Mensch vor der Frage nach dem Sinn, München: Piper 1986, S. 77.

Nicht jede in mir schlummernde Möglichkeit ist *verwirklichungswürdig*. Nicht jede in mir vorhandene Möglichkeit, wenn ich sie verwirkliche, verhindert das Leid. Nicht jede in mir vorhandene Möglichkeit, wenn ich sie verwirklichen würde, vermehrt die Freude. Ein Beispiel aus dem Leben soll das hier Gemeinte erhellen: – Ein Mann trennt sich von seiner Frau, mit der er drei Kinder hat. Die eheliche Beziehung ist vielfach zerrüttet, Mann und Frau streiten ständig, aber noch nicht alles ist gänzlich hoffnungslos. Die Frau fühlt sich sehr gekränkt, weil ihr Mann ein Liebesverhältnis zu einer jüngeren Frau hatte, und zwar, wie der Mann sagte, „mehr aus Not als aus Bosheit, denn mit meiner eigenen Frau hatte ich nach einer bestimmten Zeit kein erfülltes Liebesleben mehr – zumindest in der Sexualität nicht. Wir haben einfach zu viel gestritten, meine Frau wollte nicht mehr mit mir schlafen." Aber an Scheidung habe er, der Mann, niemals gedacht, – „wir sind beide sehr streng katholisch erzogen worden", sagt er –, dennoch sei eine vorübergehende Trennung unvermeidlich gewesen. Seine Frau, so der Mann weiter, überlege nun, ob sie ihn nicht damit strafen solle, daß sie ihm den Zugang zu den Kindern verbiete. –

So weit das Fallbeispiel. Es ist offensichtlich, daß die Frau, zumindest psychologisch, die Möglichkeit hätte, dem Mann den Zugang zu den Kindern unmöglich zu machen, aber sie spürt, daß diese Möglichkeit *verwirklichungsunwürdig* ist. Sie fühlt, daß kein Leid, keine erlittene Kränkung und kein noch so großer Schmerz ihr vorschreiben kann, *wie* sie sich in ihrem Freiraum zu entscheiden hat.[6] Sie realisiert auch, daß sie ihren Mann, irgendwie „bestrafen" möchte, um die erlittene Kränkung auszugleichen, aber wie soll sie das nun anstellen? Soll sie die Kinder als Druckmittel einsetzen? Und *muß* sie ihn überhaupt „bestrafen"?
Der aufmerksame Leser merkt hier: Nicht nur handelt es sich um die Konfrontation mit der *Wertproblematik*, mit dem, was sinnvoll oder sinnwidrig ist. Es handelt sich auch nicht nur um die Wahrnehmung der ureigenen, persönlichen Verantwortung der Frau. Es geht vor allem um die Frage: *Muß* ich aus meiner Kränkung heraus das schon vorhandene Leid vermehren, indem ich

---

[6] Vgl. E. Lukas, Psychologische Vorsorge, Freiburg: Herder Verlag 1989, S. 174.

meine eigene Kinder in die Konfliktsituation der Mann-Frau-Beziehung hineinziehe? Der Mensch kommt nicht um jenen springenden Punkt herum, der – je nachdem – den Wendepunkt zur *Leidvermehrung* oder zur *Leidminderung* darstellt. Die Qual der Wahl, jeweils entscheiden zu müssen, welche der Möglichkeiten ich verwerfen und welche verwirklichen *soll*, bleibt mir nicht erspart. Was im Kleinen gilt, gilt auch im Großen: in und zwischen den Gruppen, im Leben der Nationen und in den internationalen Beziehungen. Mich aber interessiert hier der engere Bereich des Individuums, denn die Menschheit – das Angesicht der Erde – wird nicht anders, wenn Einzelne nicht *anders* – harmonischer, glücklicher, friedfertiger, verantwortungsbewußter – werden. Die Überwindung des Leidens beginnt in *meinem* Leben.

Darum sagt auch der Lebens-Lehrer: „Nicht *nur* dir selbst sollst du in diesem Erdenleben deine Kräfte, deine Macht und deine Sorge widmen, aber auch nicht *nur* den Anderen! (...)

Je näher du der Harmonie, die *geistiges* Gesetz von dir verlangt, zu kommen weißt, desto mehr wirst du an Bleibendem gewinnen. Möge es dir gelingen auch dein *geistiges* ‚Soll und Haben' derart in Ordnung zu halten, wie es der gute Kaufmann innerhalb der Welt der Erdenwerte von sich verlangt, dann wirst du gewiß das Werk deiner Erdentage niemals zu bereuen haben!"[7]

Nach dieser Einstimmung in die Thematik komme ich zum eigentlichen Kernpunkt dieser logo-philosophischen und geistig-spirituellen Reflexionen. Ich möchte eine Grundthese formulieren und sie dann Schritt für Schritt entfalten. Meine Grundthese, die ich in drei Sätzen formulieren will, lautet:

(I.) Es ist der einzelne Mensch, der fähig ist, das Leid auf Erden, – das niemals gänzlich ausgelöscht werden kann, – fast ins Unermeßliche zu steigern – und deswegen kann er *schuldig* werden und wird es auch.

---

[7] Bô Yin Râ, Das Mysterium von Golgatha, Bern: Kober Verlag 1992, S. 219f. (5. Aufl.)

(II.) Zugleich aber ist es ebenfalls der einzelne Mensch, der das Leid weitgehend *bewältigen* und *zurückzudrängen* vermag in jene Bereiche, in denen es bleiben wird.

(III.) Dafür, daß der einzelne Mensch das Leid zurückdrängen, einschränken und relativieren kann, ist er auch *verantwortlich*, denn was er diesbezüglich tatsächlich tun kann, *soll* er es auch tun.

Und jetzt zur Entfaltung dieser Grundthese in mehreren Schritten.

1. Leiden ist ein Teil des irdischen Lebens

Leiden, in welcher Form auch immer, ist für mich nicht das erste und nicht das allerletzte Wort des Lebens. Es ist ein *Teil* des *irdischen* Lebens von der Geburt bis zum Tod. Allerdings beginnt dieses irdische Leben mit Leiden. Schon die Geburt bedeutet Trennung, und Trennung ist mit Leid verbunden. Das Kind verläßt die Geborgenheit des Mutterleibes und geht in die Gefährdungen dieser Welt hinein. Die Geburt *schmerzt* die Mutter und das Kind. Bei der Betrachtung dieses geheimnisvollen Urvorgangs kann man vielleicht zweierlei erkennen. Erstens: Das Leid beginnt schon mit und bei der Geburt, es ist aus dieser physisch-sinnlichen Erscheinungswelt nicht einmal am Anfang dieses Lebens zu verbannen. Es gehört zur inneren Struktur dieses *physischen* Kosmos und zum *irdischen* Leben des Menschen. Zweitens: Nach der Geburt aber kommt gleich die *Freude* der Eltern über den neuen Erdenbürger: über jenes kleine Menschenwesen, das ihnen vorübergehend, wie ein hoher Gast des Himmels, anvertraut wird. Die Schmerzen sind vorbei und es bricht zunächst eine Phase der Freude heran. Wenn jemand mit Müttern gesprochen hat, weiß es (und die Mütter wissen es am besten): Nach der Geburt des Kindes ist die Freude *größer* als die Schmerzen während der Geburt, obwohl man sie (die Schmerzen) vielleicht nicht so schnell vergessen wird. Wie heißt es im Evangelium nach Johannes? Da steht zu lesen: „Eine Frau, wenn sie gebiert, so hat sie Schmerzen, denn ihre Stunde ist gekommen. Wenn sie aber das Kind geboren hat, denkt sie nicht mehr an die Angst um der *Freude* willen, daß ein Mensch zur Welt gekommen ist" (Joh 16,

21). Fest steht jedenfalls, daß Leid und Freude zusammen kommen, aber sie *müssen nicht* dauerhaft – und schon gar nicht ewig – zusammen bleiben. Und am Endpunkt des irdischen Weges, im Tod, wiederholt sich der Trennungsvorgang. Ein Mensch stirbt langsam oder plötzlich, gewaltsam oder leicht, verzweifelt über sein Leben oder versöhnt mit seinem Leben, hinterläßt hier das langsam zerfallende Psychophysikum, und geht aus dieser Sichtbarkeit Wohin-auch-Immer. Er erleidet seinen Sterbeprozeß, indem ihm die letzte und größte Ohnmacht widerfährt, und diejenige, die ihn *geliebt* haben, werden ihn schmerzlich vermissen. Darum heißt es im Buch eines Lebens-Lehrers, der sich den Trauernden zuwendet:
„Hebe dein Haupt, du, der du *trauerst* um einen Menschen, der deinem Herzen *teuer* war und ist, und den du *begraben* mußtest! (...)
Ich *fühle* mit dir und *weiß*, was du verloren hast für dieses Erdenlebens Dauer. Du hast wahrhaftig *Grund*, zu klagen,, und ich weiß um deinen wehen *Schmerz* ... (...) Gib dem Schmerz, was des Schmerzes ist, und beweine immerhin, was du für Deines Lebens weitere Dauer hier auf dieser Erde nicht mehr *sehen*, nicht mehr *hören*, nicht mehr *fühlen* kannst! –
Du hast *Grund*, zu weinen, da du hier zurückbleiben mußt, und nirgends mehr findest du während dieses Erdenlebens, was du liebst!"[8]
Gewiß bleibt Leid stets *Leid*, ob am Anfang, in der Mitte oder am Ende des irdischen Lebens. Gewiß ist auch, daß Leid *seinen Raum* in dieser Welt beansprucht: das werdende Kind im Mutterleib muß einen Raum im Körper einer Frau besetzen, womit *notwendigerweise* auch Leid verbunden ist. Zugleich ist dieses Leid Bedingung und Unterpfand der (späteren und bleibenden) *Freude*. Und der Verstorbene hinterläßt auch ein Erbe: entweder unerlöste, nicht gebündelte Seelenkräfte, mit denen die auf Erden Lebenden umgehen müssen, oder den leeren Platz, den er während seines irdischen Lebens ausgefüllt hat. Und dieser leere Platz *schmerzt*.
Werfen wir noch einen Blick auf die mittleren Jahre. Da ist oft Trennung und Scheidung vom Ehepartner zu finden. Da ist si-

---
[8] Bô Yin Râ, Das Buch des Trostes, Bern: Kober Verlag 1983, S. 53f. (3. Aufl.)

cherlich auch der Höhepunkt der Schaffenskraft: die Erfahrung, daß ein Mensch sein Bestes geben kann und gibt, wodurch er selbst Glück erlebt, und andere, die zu ihm gehören, glücklich sind. Doch in jeder Glückserfahrung mischt sich ein bißchen auch die Angst, das gerade erarbeitete Glück verlieren zu können. Somit läßt sich realistisch sagen:
Leid und Freude, Glück und Leid „kommen zusammen, und wenn einer allein mit euch am Tisch sitzt, denkt daran, daß der andere auf eurem Bett schläft./ Wahrhaftig, wie die Schalen einer Waage hängt ihr zwischen eurem Leid und Freude".[9]

2. Leid ist weder „Schickung" noch etwas „Gottgewolltes"

Für jene, die aus einer mißverstandenen religiösen Überlieferung, sei sie christlich oder nicht, das Leid mit Gott oder Gottes „Strafe" in Verbindung bringen und selbst darunter (unnötig!) leiden, soll gesagt sein:
Leid ist nicht „Schickung" und schon gar nicht etwas „Gottgewolltes". Es wurde viel darüber spekuliert, daß das Leiden als „Sühne" oder „Strafe" für eine begangene Schuld zu bewerten ist. Diese Auffassung lehne ich entschieden ab. Obzwar Menschen sich rächen können und in nicht wenigen Fällen von Rachedurst durchdrungen sind, – wodurch anderen Mitmenschen viel Leid zugefügt wird, – ist die Rede von einem „göttlichen Rächer", der straft und Sühne auferlegt, womöglich noch seinen „Sohn" aufopfert, ein ungeheurer Unsinn. Die von **Christus** als „Licht der Welt" während seines irdischen Lebens freiwillig, und aus der barmherzigen Liebe dargebotene Leidens-*Bereitschaft* gehört auf eine ganz andere Ebene als die landläufige Auffassung von einem göttlichen „Vater", der seinen „Sohn" als Sühneopfer dahingibt. Aus dem Leben und der Gestalt Jesu Christi die Lehre abzuleiten, daß man das Leid mit großem Pathos als „Straf- und Erziehungsmittel" zu verkünden habe, ist schlicht und einfach töricht.
Was der erhabene Meister Jehoschua aus Nazareth, „der größte Liebende", der Menschheit als ein Erbteil aus dem Reiche Gottes

---
[9] Khalil Gibran, **Von der Freude und vom Leid**, in: Der Prophet, Olten und Freiburg/Breisgau: Walter Verlag 1991, S. 25. (26. Aufl.)

dargeboten hatte, war wahrlich anderes als jene „stellvertretende Genugtuung", die sich bequemes Heilsbedürfnis – und eine oberflächliche Theologie des spekulativen Verstandes – ausersann, um selbst zu keiner eigenen Tat mehr Pflicht in sich zu fühlen (Bô Yin Râ).[10] Was der erhabene Meister aus Nazareth durch *die Kraft der Liebe* vollbracht hat, – indem er der Menschheit „vergeben" konnte, „*vergeben bis zum letzten Todesröcheln*" – war: die *Neuerweckung einer geistigen Kraft* im Bereiche menschlicher Macht: jener urgewaltigen Liebeskraft, mit der jeder willige Mensch *sich selbst* verbinden kann, „auf daß auch *in ihm* die Einigung des Erdenmenschlichen mit dem Göttlichen bewirkt werde!" Das allein war des hohen Meisters wirksame „Erlösungstat"![11]

Nein, es ist niemals „Gott", der Rache und Sühne verlangt! Jener, den Jehoschua als den „Vater" bezeichnete, wirkt immer und ohne Unterbrechung *das Werk der ewigen Liebe* ... Es sind *noch nicht erlöste*, entwicklungsverzögerte und haßerfüllte Menschen, die sich rächen können, und in nicht wenigen Fällen von Rachedurst durchdrungen sind, und genau dadurch wird das Leid in dieser Welt von einzelnen Individuen produziert, vermehrt und perpetuiert.

Wir wissen: Es gibt einen *pathologischen Verzicht*, der „in seiner Extremform ein Symptom von Masochismus und *Selbstquälerei* ist. Es gibt seelisch kranke Menschen, die sich sozusagen selbst die Dornenkrone aufs Haupt setzen und sie unter keinen Umständen hergeben wollen. Sie spielen die Rolle des ‚Märtyrers' mit Lust. Dabei ist eine gewisse perverse Veranlagung, eine *hysterische* Komponente mit im Spiel. Sie genießen das selbstproduzier-

---

[10] Vgl. Bô Yin Râ, Das Mysterium von Golgatha, Bern: Kober Verlag 1992, S. 35. – **Bô Yin Râ** ist der geistige Name des deutschen Malers Joseph Anton Schneiderfranken (geb. 1876 in Aschaffenburg und gest. 1943 in Lugano/Schweiz), der zugleich ein *geistiger Lebens-Lehrer* und *Meister* war. Sein geistiges Lehrwerk umfaßt 32 Bücher und 8 weitere ergänzende Schriften zu allen wichtigen Themen des Geistes und der Gottheit, des irdischen und ewigen Schicksals des Menschen. Alle seine Bücher sind in endgültiger Fassung beim Kober Verlag in Bern erschienen. Ohne eine Schule oder ein neues „System des Denkens oder Glaubens" zu begründen, zeigt Bô Yin Râ aus verschiedenen Perspektiven den Weg, auf dem der Mensch seiner unvergänglichen Geistigkeit wieder bewußt zu werden vermag; auch die Lebensprobleme des einzelnen und der Gemeinschaft erscheinen in seinem Werk in neuer und überzeugender Sicht.

[11] Vgl. ebd., S. 39-41.

te Leid und verwenden es als befriedigenden Ersatz für unterbliebene Aggressivität nach außen. Ein solcher pathologischer Verzicht ist immer ein sinnloses Opfer, das unnötiges Leiden in die Welt schafft und vor der Welt auch keine Anerkennung findet."[12] Genau aus dieser gestörten psychischen Haltung heraus wird Leid vermehrt. Oder:

In der *Opus-Dei*-Bewegung (eigentlich eine Schande für die katholische Kirche!) trifft man auf Formen des Opferbringens, die durchaus als pathologisch bezeichnet werden dürfen und müssen. Ein ehemaliges Mitglied der Opus Dei schreibt:

„Relativ spät, im Frühjahr 1977 während Besinnungstagen in Utrecht, erfuhr ich durch einen Priester des Opus Dei von dem Vorhandensein der ‚Gewohnheit', täglich einen ‚Bußgürtel' zu tragen und wöchentlich sich zu geißeln. Dr. X. fragte mich nämlich damals, ob ich denn auch regelmäßig den Bußgürtel und die Bußgeißel benutze. Ich war völlig überrascht und sagte ihm, daß ich davon noch nie etwas gehört habe und gar nicht wisse, was man sich unter einem ‚Bußgürtel' vorzustellen habe. Der Priester war seinerseits sehr erstaunt und meinte, mein Leiter habe mir das wohl zu erklären versäumt. Aus einem Schrank holte er ein kettenartiges, dreireihiges und vielgliedriges Metallband, das aus einem starken Draht gefertigt war und nach einer Seite hin, der ‚Innenseite' (wie ich dann erfuhr), zahlreiche Spitzen hatte. An einem Ende des Metallbandes war eine Schnur befestigt. Dr. X. erklärte mir, daß man den ‚Bußgürtel' mit den Spitzen nach innen um den Oberschenkel lege, die beiden Enden mittels der Schnur zusammenziehe, bis der Gürtel fest sitzt und dann verknote. Der ‚Bußgürtel' werde täglich zwei Stunden getragen, Sonn- und Feiertage ausgenommen. Die Geißel sei aus Schnüren mit Knoten gefertigt und werde einmal in der Woche benützt, indem man sich damit für die Dauer eines ‚Credo', eines ‚Salve Regina' oder eines anderen Gebetes auf das blanke Hinterteil schlage.

Dr. X. sagte mir, ich solle mich bei meinem Leiter beschweren, daß er mich dafür bislang noch nicht für ‚reif' genug befunden habe, und ihn um einen ‚Bußgürtel' und eine ‚Bußgeißel' bitten. Meines Wissens ist es im Opus Dei vorgesehen, daß ein Numera-

---

[12] Elisabeth Lukas, Psychologische Vorsorge, Freiburg: Herder Verlag 1989, S. 95.

riermitglied diese Instrumente schon recht bald nach seinem Eintritt in die Vereinigung benutzt."[13]

Extrem pathologische Form der Leidvermehrung und des Opferbringens aus dem „dunklen Mittelalter"? Nein, sondern eine Realität am Ende des 20. Jahrhunderts – hier in Deutschland. Solch eine perverse Realität, daß sogar DER SPIEGEL – gewöhnlich ein Antitalent in der Darstellung religiös-kirchlicher Fragen – vor einiger Zeit recht sachlich und völlig zutreffend eine Parallele zwischen den Praktiken der *Opus-Dei-Bewegung* und der *Scientology* gezogen hat. Und diesmal hatte DER SPIEGEL recht. (Siehe Nr. 6/3.02.1997, S. 79.)

Sogar die Religion – nein: eine *pseudo*religiöse Lehre – und u. U. auch der „liebe Gott" – nein: ein perverses Gottesbild des menschlichen Gehirns – können als Rechtfertigungsgrundlagen für *selbstproduziertes* Leid herangezogen werden.

Ist das nicht ein allzumenschliches „Modell", nach dem wir – wir: mit geistiger Blindheit geschlagenen Erdenmenschen – vielfach Leid schaffen und vermehren? Es muß nicht von außen eine Naturkatastrophe oder ein Schicksalsschlag auf uns zukommen, um die Frage nach dem Sinn und Unsinn des Leides zu stellen, oder um überhaupt vom Leid sprechen zu können. Viele Menschen sind nämlich „wahre Künstler" darin, das Leid mit eigenen Händen, für sich selbst, für ihren eigenen Kindern und für die Mitmenschen zu produzieren. Bevor man „den lieben Gott" strapaziert, um das Leid zu erklären oder es irgendwie zu deuten, frage man sich: Habe ich nicht *Ursachen* gesetzt, – Eifersucht, Neid, Haß, Schadenfreude, – welche in ihrer Auswirkung Leid zur Folge haben *müssen*? Haben vielleicht nicht andere Menschen *Ursachen* gesetzt, die Leid hervorbringen *müssen*?

Manchmal treffe ich Menschen in der therapeutischen Praxis, die ohne Eltern oder zumindest ohne einen Elternteil aufgewachsen sind. Es *muß* nicht in jedem Fall so sein, aber in vielen Fällen ist es so, daß solche Menschen unsicher, orientierungslos, suchend sind. Und heute, in einer „postmodernen Zeit", in der jede dritte oder zweite Ehe geschieden wird, werden Leid schaffende Ursa-

---

[13] Klaus Steigleder, Das Opus Dei – Eine Innenansicht, Köln–Zürich: Benziger Verlag 1983, S. 136f.

chen in die Seelen der Kinder schon sehr früh „hineingepflanzt". Kinder werden von einem manipulierenden Elternteil gegen den anderen – ausgeschlossenen Elternteil – negativ beeinflußt und sogar aufgehetzt, und es ist nur eine Frage der Zeit, wann sich die Auswirkungen dieser Leid schaffenden Ursachen manifestieren.

Was mit diesen Beispielen gezeigt werden sollte, ist das Faktum: Wir Menschen schaffen das meiste – jedenfalls sehr viel – Leid in dieser Welt mit den eigenen Händen und durch unsere Taten.

Natürlich kann es passieren, daß uns auch schweres Leid treffen kann, ein Leid, das *keineswegs* aus unserer Tat erwachsen ist. Darüber soll später die Rede sein. Ich bleibe noch beim Stichwort „krankmachendes und neurotisierendes Gottesbild".

3. Leid ist nicht „die Heimsuchung Gottes"

Sätze, wie: „wen Gott lieb hat, den züchtigt er", oder „im Leiden erlebt der Mensch die Heimsuchung Gottes" usw., klingen *sinnwidrig* und verraten letztlich eine *furchtbare* Gottesauffassung. Zwar läßt sich aus solchen Sätzen *Sinn* abgewinnen, doch auf eine ganz andere Art, als man sich das herkömmlich vorstellt. Gott für das Leid des irdischen Alltags oder für die furchtbaren Kriege „verantwortlich" zu machen oder zu glauben, er sei für das Leid „verantwortlich", wäre genau so töricht, sagt der Weise, „wie wenn man den Konstrukteur eines Hochofens dafür verantwortlich erklären wollte, daß der glühend flüssige Stahl die Hand vernichten müßte, die in ihn einzutauchen versuchen wollte! Ebenso könnte ein Unzurechnungsfähiger Haftung der Ingineure verlangen, wenn ein Unvorsichtiger ahnungslos eine Hochspannungsleitung berührt, während sie ‚unter Strom' steht und damit eine Kraft repräsentiert, die dem physisch-irdischen Körper zwar durch mancherlei Instrumentarien wahrhaftig zum Heil gereichen kann, aber ebenso bei direkter Berührung der nichtisolierten Stromleiter zum Verhängnis werden muß. Es ist einer der betörendsten blinden Trugschlüsse menschlichen Denkens, anzunehmen, göttliche ‚Allmacht' müsse die in Gott *gegebenen* – durch sein Dasein ‚gesetzten' – Auswirkungsgesetze ewiger geistsub-

stantieller Kräfte auch je nach Belieben wieder *aufheben* können, sobald dem Erdenmenschen wünschbar erscheinen würde! —"[14]
Nein, die sogenannte „Allmacht" Gottes ist ganz anders geartet, als viele sich das vorgestellt haben, und wenn das Wort „Allmacht" mit dem Wort „Gott" sinnvoll in Verbindung gebracht werden kann, dann als „Allmacht der ewigen Liebe Gottes", die niemals die Freiheit des und der Menschen aufhebt. Das Leiden, in dem angeblich ein Mensch „die Heimsuchung Gottes" erlebt, ist im Grunde genommen rohes Material und Konsequenz des irdischen Lebens: Ein Material, das sehr wohl als Anlaß und Herausforderung zur *Selbstformung*, aber niemals als Zeichen der „Heimsuchung Gottes" gedeutet werden darf.
Die kristall-helle Lehre des deutschen Lebens-Lehrers *Bô Yin Râ* (Joseph Anton Schneiderfranken) besagt zu dem, was hier gemeint ist, mit großer Klarheit auch folgendes:
„Was du dein Erdenleben nennst, ist *rohes Material*, das allerdings, so wie du es auf Erden fandest, dir *gegeben* ist und an dem du fast *nichts* oder *wenig* nur ändern kannst.
In *deine* Hand jedoch ist es *allein* gegeben, was du in *geistiger* Form aus ihm *erbauen* wirst, und keine Macht der Erde wird dich hindern können *so zu bauen*, wie es der ‚Grundriß', den deine Seele sieht, von dir verlangt. (...)
Dein *äußeres* Bauen ist wahrhaftig *nicht* durch *dich allein* bestimmt, und deine schönsten Außenmauern kann man *stürzen* ehedenn du die Kuppel wölben konntest über deinen stolzen Bau!
— — —
Dein *geistiges* Bauen aber kannst nur du *selber* stören, oder durch Andere stören *lassen*, denen du solche Störung *erlaubst*! — — —
Es ist die Rede hier von dem *Kunstwerk*, zu dem dein *geistiges* Leben werden soll!
Dein Erdendasein schafft dir täglich neues *Material* aus dem du dein *geistiges Leben* kunstvoll auferbauen kannst! (...)
An *dir* wird es sein, das rohe Material in solcher Weise zu *bearbeiten*, dass es sich dem erhabenen Grundriss anpasst, den deine Seele *in sich selber* findet, in ihrem innersten Schrein! — (...)

---

[14] Bô Yin Râ, Über die Gottlosigkeit, Bern: Kober Verlag 1939, S. 22f.

Du wirst *nichts* von dem *verachten* dürfen, was dir dein Erdendasein alltäglich zuführen mag!
Es ist *alles* zu deinem geistigen Bau auf irgend eine Weise *vonnöten* und wird *gute Dienste* tun, so es nur erst durch dich die *baugerechte Formung* fand! – – –
Was immer der Alltag dir bringen mag: – stets frage dich selbst, wie es alsbald *zu formen* ist um deinem *geistigen Tempelbau* zu dienen!"[15]

Mit anderen Worten: Das Erdendasein mit allem, was dazugehört – also auch mit dem Leiden, das wir uns selbst zufügen oder was uns von anderen zugefügt wird – ist das (Lebens-)Material, aus dem wir unser *geistiges* Leben, unsere *geistige* Form, die bleiben soll, auferbauen können und soll(t)en. Das wird immer mit einem mühsamen Ringen um den Sinn und mit Kampf verbunden sein. Kampf aber bedeutet zugleich: der Mensch *erleidet* Wunden und *schlägt* Wunden, wobei es kein Muß ist, sich an den Wunden, die man schlägt, zu erfreuen. Kampf bedeutet auch, daß Leid mir *durch Andere* verursacht wird und *ich* Ursache werde für das *Leid der Anderen*. Freilich auch hier gilt: man soll sich sofort um Wiedergutmachung bemühen, wenn man anderen Leid zugefügt hat.
Mein Erdenleben muß nicht so durchlebt werden, wie es gerade kommen mag! Es gibt einen „Plan", einen „Grundriß", den meine Seele sieht! Im innersten „Schrein der Seele" finde ich den erhabenen Grundriß, den Plan, demzufolge das rohe Material meines Erdendaseins zum Kunstwerk geformt werden soll. Denn *ich* als geistige Person, *ich* in meinem *geistigen* Leben soll zum *Kunstwerk* werden! Das heißt: Das Rohe in mir soll seine rechte Form erhalten und dies geschieht durch Arbeit an mir selbst! Man hat das früher *Selbstdisziplin* genannt. Heute spricht man – in der Logotherapie – von der *harmonischen Bündelung* der psychischen Kräfte: der Triebe, der Gefühle und der spontanen Willensregungen, die alle in den *Willen zum Sinn* einmünden sollten, will ein Mensch nicht dominiert werden von seinen negativen Gefühlen wie Angst, Zorn, Eifersucht, Neid, grüblerische Gedanken usw.

---

[15] Bô Yin Râ, Geist und Form, Bern: Kober Verlag 1981, S. 56f. (3. Aufl.)

Sicher ist mein „äußeres Bauen" störbar, zum Beispiel dadurch, daß ich Verletzungen, die andere austeilen, grüblerisch analysiere und „aufblase", oder dadurch, daß ich Verletzungen austeile. Mein „geistiges Bauen" aber ist nicht störbar, wenn ich „das rohe Material" zu formen mich bemühe. Zu formen, zum Beispiel dadurch:
- daß ich etwas ver-schmerze,
- daß ich jemanden er-trage, der sich wie ein Querulant verhält,
- daß ich ein Unrecht großzügig verzeihe oder ich um Verzeihung bitte, wenn ich z.B. Unrecht getan habe,
- daß ich mich um Wiedergutmachung bemühe ...

Viele kennen sehr gut die Krise zwischen Mann und Frau. Was zwischen Frau und Mann, in der Ehe und in der Partnerschaft, zur Form werden sollte und kann, ist *Liebe* und *Freundschaft* zugleich. Der Alltag liefert dem (Ehe-)Paar genügend rohes Material: „Du kümmerst dich nur um deine Arbeit und läßt mich hängen". Oder: „Du hast immer nur das eine im Kopf". Oder: „Du verstehst mich nicht".

Das und vieles andere ist das „rohe Material", das Mann und Frau miteinander, nebeneinander oder gegeneinander gestalten können – je nachdem. Es ist gut, wenn sie sogleich, sehr bald, nicht zögerlich das rohe Material zu formen *beginnen*. Denn, was heute vielleicht noch möglich ist, ist morgen nicht mehr möglich.

4. Alles in diesem Kosmos lebt aus polaren Gegensätzen

Mit Bezug auf ein krankmachendes Gottesbild möchte ich fortsetzen und sagen: Die Frage, welchen „Grund" Gott gehabt haben könnte, das Leiden und das Übel in der Welt „zuzulassen", – dieses Problem der „Theodizee", wie sich die Güte Gottes mit dem Übel in der Welt vereinbaren läßt, ist Viktor *Frankl* zufolge ein *Anthropomorphismus*: eine allzu irdisch-menschliche Redeweise. Er sagt, der Ausdruck „zulassen" sei eine Unterstellung, als wenn der Schöpfer genötigt gewesen wäre, einen Kompromiß mit seiner Schöpfung abzuschließen. „Es heißt beispielsweise: Das Übel dient zur Kontrastwirkung; wenn der Mensch nicht leiden müßte, dann könnte er sich auch nicht freuen ... als ob Gott nicht imstande gewesen wäre, eine Schöpfung zu schaffen, die auch ohne Kontrastwirkung ausgekommen wäre, eine Schöpfung, in der es solcher Kontrastwirkung gar nicht erst bedurft hätte. Oder es heißt: Der Mensch wird durch das Leiden geläutert ... als ob Gott nicht auch Menschen hätte schaffen können, die des Leidens gar nicht bedurft hätten, um lauter zu sein, oder des Schadens, um klug zu werden. Solche Antworten auf die Theodizeefrage sind nichts anderes als ein einziger großer *Anthropomorphismus*. Mit der Kontrastwirkung, mit der Läuterung kommen, heißt menschliche Maßstäbe anlegen an die Motivation des Schöpfers."[16]

Sicher kann der Mensch zur tiefen Einsicht kommen, daß alles in diesem Kosmos aus *polaren* Gegensätzen lebt. Polarität ist der physisch-sinnlichen Erscheinungswelt inhärent: klein und groß, nieder und hoch, rechts und links, Spieler und Gegenspieler, Auf und Ab, Mann und Frau, Schwäche und Kraft, Geburt und Tod, aktiv und passiv, zeugend und gebärend, ausstoßend und einziehend, gebend und empfangend, Haß und Liebe, Leid und Freude: – aus der hier etablierten Spannung besteht und lebt alles Leben. Man kann freilich die gegebene Spannung steigern, so daß unermeßlich viel *Leid* ensteht. Man kann sie aber auch harmonisch gestalten, und zwar so, daß die *Freude* vermehrt wird. Hierin liegt die Freiheit und damit die Verantwortung des Individuums: des einzelnen Menschen. Auch wenn nie ein Mensch einem anderen Mitmenschen Leid *bereitet* hätte, „wäre wahrlich *Leid genug* auf Erden anzutreffen" (Bô Yin Râ), denn nie und nimmer kann das Leid aus dieser physisch-sinnlichen Welt ausgelöscht werden; „denn alles, was in dieser *Außen*-Welt *Erscheinung* bildet, hat Da-Sein nur durch *Leid*: – vermag sich nur im Da-Sein zu erhalten, indem es seinetwegen *Anderes leiden läßt* ..."[17]

Um so mehr sollte der Mensch seine Aufmerksamkeit bewußt darauf richten, wie und wo er *der Freude* Räume schaffen kann. Die Weisheit der Sprache lehrt uns auch, sinnvoll „von *Leid-Verdrängung* durch *der Freude Wiederkehr*" zu reden. Das heißt: „*Leid und Freude* mischen dieses Erdenlebens – nicht jedem be-

---

[16] V. Frankl, Der leidende Mensch, München/Zürich: Piper Verlag 1990, S. 383.
[17] Bô Yin Râ, Die Ehe, Bern: Kober Verlag 1986, S. 88. (5. Aufl.)

kömmlichen – Trank, und doch ist es *an uns*: die *Art* der Mischung zu bestimmen, auch wenn wir leider nicht verhindern können, daß sich nun einmal Leid mit Freuden mischen *muß!*"[18]

5. Der wahre, lebendige Gott ist – ewige Liebe

Wohltuend nüchtern formuliert auch C. S. *Lewis*, wenn er Folgendes schreibt:
„Mach den Versuch, die Möglichkeit des Leidens auszuschließen, die mit der Ordnung der Natur und der Tatsache des *freien Willens* gegeben sind, und du wirst finden, daß du das Leben selbst ausgeschlossen hast."[19] Und später heißt es: „Der Gedanke aber von dem, was Gott ‚getan haben könnte', enthält eine allzu menschliche Vorstellung von Gottes Freiheit."[20]

Das ist der *Anthropomorphismus*: die allzu menschliche Rede über die Beweggründe des Schöpfers. Diese *widersinnige* Rede bringt den Menschen nicht weiter, auch wenn sie sich im Gewand des Religiösen meldet. Und wenn ich schon dabei – nämlich beim Wort Gott – bin, dann soll in aller Klarheit gesagt werden: Gott ist kein Despot, kein Tyrann und kein Rächer. Ich erachte es als eine grobe *Blasphemie*, wenn man sich nicht entblödet, einen ewigen „Gott", von dem gesagt ist, daß er die Liebe sei, den Leid schaffenden Kräften dieser kosmisch-physischen Welt gleichzusetzen, indem man unbewußt lästernd, und sich selbst neurotisierend zu sagen weiß: „*Wen Gott lieb hat, den züchtigt er.*"[21]

Gott, – der wirkliche und wahre, lebendige Gott, – wird keinen einzelnen und keine Völker „züchtigen", er wird niemanden und niemals strafen, denn es ist der unerlöste Mensch, der sich selbst und andere bestraft. Einen „Gott", der „züchtigt und straft" gibt es *nur* als Erfindung allzubeengter Phantasie, als Gespenst menschlichen Gehirns. Das sogenannte „strafende Gottesbild" ist ein Ge-

---

[18] Ebd., S. 87f.
[19] C. S. Lewis, Über den Schmerz, Gießen: Brunnen Verlag 1991, Taschenbuch-Lizenzausgabe, S. 31.
[20] Ebd., S. 32.
[21] Vgl. Bô Yin Râ, Das Buch des Trostes, Bern: Kober Verlag 1983, S. 30f. (3. Aufl.)

bilde der krausen Phantasie, ein wirres Zeug der plastischen Phantasie. Auch sollte man einmal fühlend erfassen: „Man darf sich nicht irreführen lassen, durch die zwar Dichtern allenfalls erlaubten, aber so wenig wirklichkeitsnahen elegischen Träumereien von einer Gottheit, die des Menschen *Leid* als das *ihre* erlebt, und vom Menschen her ihre eigene *Erlösung* erwartet!
Die Dinge liegen in Wirklichkeit recht wesentlich anders ..." – schreibt Bô Yin Râ.

Gegenüber einem engen und neurotisierenden „Gottesbild" setze ich die – der wahren Wirklichkeit des Göttlichen entsprechenden – Einsichten des geistigen Lebens-Lehrers Bô Yin Râ entgegen. Er schreibt in seinem Buch „Über die Gottlosigkeit" Folgendes:

„In *Gott* – so wie *Gott wirklich* ist – findet sich weder Grimm noch Zorn, weder Vergeltungslust noch Rachedurst, und auch keine andere vermeintliche ‚Eigenschaft', die zu ‚fürchten' wäre. *Gott ist Liebe und Gnade!* – Liebe, seiner selbstgezeugten *essentiellen Natur* nach, und Gnade in *ebendieser* ‚Natur', aber aus dem Empfinden dessen, was *außerhalb* ihrer existiert, und was *nicht* ‚Liebe aus sich selber' ist!"[22] Darum gilt um so mehr: „Was (...) *in Wirklichkeit – Gott!* – ist, das kann *niemals in Furcht*, sondern allein nur in *Liebe* empfunden und empfindungsbewußt werden!"[23]

Oder, wie es in einem anderen Text der Weisheit heißt: „Und wir haben erkannt und geglaubt die Liebe, die Gott zu uns hat. Gott ist Liebe; und wer in der Liebe bleibt, der bleibt in Gott und Gott in ihm. ... Er hat uns *zuerst geliebt*" (1 Joh 4, 16, 19). – Hier sind wahre Worte der wirklichen Offenbarung!

Gibt es aber nicht, so könnte jemand fragen, Ereignisse im Leben, die wie Widerfahrnisse auf uns hereinbrechen? Doch, es gibt sie. Hüten wir uns trotzdem bei aller Versuchung, *falsche* Fragen zu stellen, die etwa lauten: „Warum ist mir dies geschehen?" Oder: „Wofür wurde ich gestraft?" Oder: „Wieso hat Gott nicht eingegriffen?"[24] In der Enge dürftiger Erkenntnis eingesponnen, suchen wir nämlich vergeblich eine „Schuld" an uns, als deren „Sühne"

---

[22] Bô Yin Râ, Über die Gottlosigkeit, Bern: Kober Verlag 1939, S. 61.
[23] Ebd.
[24] Vgl. E. Lukas, In der Trauer lebt die Liebe weiter, München: Kösel Verlag 1999, S. 32.

wir bewerten könnten, was uns widerfahren ist. Denn würden wir ständig so fragen, wären wir schon im Ausgangspunkt der ersten groben *Täuschung* ausgeliefert. Es gibt nämlich nirgends einen „Rächer" unserer Schuld, der uns nach der Weise jenes engen Wähnens „Sühne" auferlegen könnte.[25] Natürlich kann, einerseits, jeden Menschen schweres Leid treffen, das keineswegs aus seiner Tat erwachsen ist, wie andererseits jede Tat die unabänderlich gesetzte Folge in sich trägt, so, daß ein Leid, das da einen Menschen extrem herausfordert möglicherweise auch Konsequenz seiner schuldhaften Tat sein kann, aber es *muß nicht* so sein. Ein „Rächer" der Schuld des Menschen ist jedenfalls *nirgends* zu finden. Damit habe ich meinerseits ein krankmachendes, neurotisierendes Gottesbild – hoffentlich – ausgeräumt. Das Gesagte soll mit einer Imaginationsübung und zwei sehr bedeutsamen Texten der Weisheitslehre ergänzt werden.

(a) Man versuche einmal intensiv nachzufühlen und sich vorzustellen: Die Schlupfwespe, die ihre Eier in den Leib der lebenden Raupe legen *muß*, damit die jungen Wespen durch den qualvollen Tod der Raupe zum Leben kommen, ist nur *ein* Beispiel unter Tausenden, das dem aufmerksam beobachtenden Menschen zeigt: diese physisch-sinnlich faßbare materielle Welt – und die Welt des organischen Lebens im Tierreich – ist alles andere, als nur die Verkörperung „der Harmonie des Geistes".[26] Während aber im Tierreich in Ordnung ist, nur für sich selber zu leben und sich dabei als dieses individuelle Tier auf Kosten der anderen zu behaup-

---

[25] Vgl. Bô Yin Râ, Das Buch des Trostes, Bern: Kober Verlag 1983, S. 15. (3. Auflage)
[26] Vgl. Bô Yin Râ, Das Buch vom lebendigen Gott, Bern: Kober Verlag 1990, S. 185. (7. Aufl.). An dieser Stelle ist auch zu lesen: „Die Sinnenwelt ist *Wirkung* geistiger Urkraft in der *geistigen* Welt. Um aber als *geistige* Welt in Erscheinung zu treten, muß die eine ewige Urkraft sich in unendlichfältigen *Aspekten* ihrer selbst *in sich reflektieren*, und, in jedem solchen Aspekt als Urseins-*Element* erstanden, sich jeweils in ihm solcherart *behaupten*, daß *jedes eine* Element *nur sich selber* auszuwirken sucht, so daß ihm *alle anderen* Urseinselemente gleichsam *leere Formen* sind, weil es sich selbst als Urkraft *nur in sich selber* kennt. Jeder Aspekt der geistigen Urkraft: – jedes ‚Urseinselement', – wird somit *Ursache*, daß auch die Erscheinungsform seiner *Auswirkung in der physischen* Region den Trieb erhält, *nur für sich selber* zu leben und alle andere Erscheinungsform zur Erhaltung eigenen Daseins zu verbrauchen. (...) So kommt es, daß auch jede *physische* Kraft, jede *physische* Erscheinungsform sich *zu behaupten* sucht, als sei *nur ihre eigene* und *keine andere* Existenz gewollt." (Ebd., S. 185–187). – Der Mensch aber ist *mehr* als nur *physische* Erscheinungsform.

ten, ist dasselbe Verhalten im *menschlichen* Bereich äußerst fragwürdig, problematisch, ja – Leid schaffend. In jenem Augenblick, in dem ein Mensch merkt, daß sein *Sich-zu-den-anderen-Verhalten* ihn zur Rücksicht und Vorsicht herausfordert, beginnt er zu ahnen, daß – sozusagen – neben dem „Erdenmenschentier", in ihm auch ein *Geistesmensch* lebt, der *anderen* Gesetzen zu gehorchen hat, als das tierische Element in ihm. Er beginnt zu spüren, daß die Macht des Geistes in ihm, *ihn* zu etwas anderem bewegt, als jene Regung, die er von seinen Trieben her als (auch) seine *psychische Realität* erkennt. Eine solche Bewußt- und Wachwerdung kann sich praktisch ab dem 7. Lebensjahr immer wieder ereignen. Das *Sich-Kundtun des Geistes* in einem Menschen ist oft ein plötzliches, unerwartetes oder auch allmählich sich entfaltendes Ereignis. Es schockiert manchmal. In anderen Fällen fühlt es sich *fremd* an, es geht „gegen den Strich". Nehmen wir an: In einem schweren Konflikt steht Wille gegen Wille. Bei der Scheidung sagt die Frau dem Mann: „Ich will, daß das Kind bei mir bleibt, und du hast keine Zugangsmöglichkeit mehr zum Kind, wenn du mich verläßt." Und der Mann sagt: „Ich will aber die Beziehung zu meinem, zu unserem Kind erhalten und pflegen." Worauf die Frau antwortet: „Aber ich will es nicht." Hier steht Wille gegen Wille, und jeder Wille behauptet nur sich selbst.
Es wäre in solch einem Fall für alle Beteiligten – *für* den Vater, *für* die Mutter und *für* das Kind – äußerst sinnvoll und wohltuend, wenn ein Wille dem anderen Willen nur minimal entgegenkommen würde. Denn, – und erst hier erheben wir uns über das Tierische hinaus, – im *Menschengeiste* ist der *Wille* fähig, sich auch *im anderen Willen wiederzuerkennen*. Somit kann ein jeder Mensch bewußt den *Ausgleich* suchen, der den *Frieden* wahrt durch *Disziplin des Willens*, der dann nicht mehr sich allein nur, sondern auch den *anderen Willen will*, der nicht mehr sich allein nur, sondern den „Sinn des Wir" erkennt und will – auch in einer psychologisch verstrickten Situation.[27] Etwa auf diesem Wege könnte und kann man das Leid relativieren und weitgehend überwinden, wenn man einmal die beglückende Erfahrung des Geistes gemacht hat.

---

[27] Vgl. ebd., S. 194.

Anhand eines inspirierten Textes soll nun angedeutet werden, wie und wann ein Mensch die Erfahrung des Geistes erleben kann, – jenes Geistes, der mehr ist als ein Stück dieser zeitlichen Erscheinungswelt. Zugleich erspürt man aus dem Text, daß solche Erfahrungen akzeptiert, ausgehalten, gekostet und bewahrt werden wollen. Es ist ein Text des deutschen Jesuiten Karl *Rahner* (1904–1984), den ich an dieser Stelle zitiere. Rahner schreibt:

„Haben wir schon einmal *geschwiegen*, obwohl wir uns verteidigen wollten, obwohl wir ungerecht behandelt wurden?

Haben wir schon einmal *verziehen*, obwohl wir keinen Lohn dafür erhielten und man das schweigende Verzeihen als selbstverständlich annahm?

Haben wir schon einmal *gehorcht*, nicht weil wir mußten, und sonst Unannehmlichkeiten gehabt hätten, sondern bloß wegen jenes Geheimnisvollen, Schweigenden, Unfaßbaren, das wir Gott und seinen Willen nennen?

Haben wir schon einmal *geopfert*, ohne Dank und Anerkennung, selbst ohne das Gefül einer inneren Befriedigung? Waren wir schon einmal restlos *einsam*?

Haben wir uns schon einmal *zu* etwas *entschieden*, rein aus dem innersten Spruch unseres Gewissens heraus, dort, wo man es niemand mehr sagen, niemand mehr klarmachen kann, wo man ganz einsam ist und weiß, daß man eine Entscheidung fällt, die niemand einem abnimmt, die man für immer und ewig zu verantworten hat?

Haben wir schon einmal versucht, Gott zu *lieben*, dort, wo keine Welle einer gefühlvollen Begeisterung einen mehr trägt, wo man sich und seinen Lebensdrang nicht mehr mit Gott verwechseln kann, dort, wo man meint zu sterben an solcher Liebe, wo sie erscheint wie der Tod und die absolute Verneinung, dort, wo man scheinbar ins Leere und gänzlich Unerhörte zu rufen scheint, dort, wo es wie ein entsetzlicher Sprung ins Bodenlose aussieht, dort, wo alles ungreifbar und scheinbar sinnlos zu werden scheint?

Haben wir einmal eine *Pflicht getan*, wo man sie scheinbar nur tun kann mit dem verbrennenden Gefühl, sich wirklich selbst zu verleugnen und auszustreichen, wo man sie scheinbar nur tun kann, indem man eine entsetzliche Dummheit tut, die einem niemand dankt?

Waren wir einmal *gut* zu einem Menschen, von dem kein Echo der Dankbarkeit und des Verständnisses zurückkommt, und wir auch nicht durch das Gefühl belohnt werden, ‚selbstlos', anständig usw. gewesen zu sein?"[28]

Merkwürdige Erfahrungen des Geistes, nicht wahr? Ist das alles nicht allzu mühsam? Doch.
Einmal schweigen. ...
Einmal verzeihen. ...
Einmal gehorchen. ...
Einmal opfern. ...
Einmal sich *zu* oder sich *für* etwas entscheiden. ...
Einmal im scheinbar Sinnlosem, Gott (zu) lieben. ...
Einmal eine Pflicht tun, die einem niemand dankt. ...
Einmal gut sein zu einem Menschen, von dem kein Verständnis und keine Dankbarkeit zurückkommt. ...
Das Gewicht dieser Sätze läßt sich am besten aus dem ureigenen, persönlich-individuellen Erleben erspüren: Aus den Erfahrungen der *Ego-Überwindung* und der Selbtüberbietung, der selbstlosen Hingabe an eine Aufgabe und aus der Erfahrung der Alltagspflichterfüllung.
Nehmen wir nur ein Beispiel: Einmal gehorchen, nicht weil wir mußten, nicht weil wir sonst Unannehmlichkeiten gehabt hätten, sondern bloß wegen jenes Geheimnisvollen, Schweigenden, Unfaßbaren, das wir Gott und seinen Willen nennen – oder einmal sich dem Schicksalhaften fügen. Da ist jene Situation, in der ein Mensch einen anderen geliebten Menschen verliert. Der Geliebte *hätte noch leben können*, er hatte noch so viele Pläne, er war gerade aus einer Krise herausgekommen und wollte neu anfangen, aber ein schicksalhaftes Ereignis beendet seinen irdischen Lebensweg. Dann zu gehorchen, in solch einer Erschütterung den Satz „Dein Wille geschehe" sagen zu können, – nicht als fatalistische Aussage, sondern als Ausdruck einer lebensbejahenden Haltung, – das ist, wahrlich, ein Akt des Gehorchens „wegen jenes Geheimnisvollen, Schweigenden, Unfaßbaren, das wir Menschen

---

[28] Karl Rahner, Über die Erfahrung der Gnade, in: Schriften zur Theologie, Einsiedeln-Zürich-Köln: Benziger Verlag 1962, Band 3, S. 106f.

Gott und seinen Willen nennen". Das ist, wahrlich, ein Akt des Geistes, wodurch das Leid eingegrenzt wird.

Das könnte eine Perspektive sein, in der ein Mensch zutiefst erkennt: Er selbst kann und soll das Leid vielfach gestalten, formen und entwerten. Er selbst kann und soll dem Leid einen Sinn abringen. Das könnte jene Perspektive sein, die einen Menschen lehrt zu sehen: „Dein Schicksal *will* etwas von dir, sobald es dich durch *Leid* und *Leiden* führt! Ein jedes *Leid-Erleben* ist *Abschluß* und *Neubeginn*."[29]

Was sollte ich abschließen, wenn mich das Leid trifft? Vielleicht das Beenden einer krankmachenden Beziehung wird von mir erwartet? Oder das Ausharren in ihr, weil höhere Gesichtspunkte das Bleiben nahelegen?

Zu welchen „neuen Ufern" sollte ich aufbrechen nach der Überwindung des Leides? Vielleicht zu mehr Innerlichkeit, in der ich lerne, die wohltuende Stille zu schätzen? Oder zu mehr Aktion, weil ich zu lange in einer schlechten Passivität verharrte?

(b) Wie wirkt nun jene höhere, geistige Hilfe, die Menschen in oder außerhalb einer Religion doch immer wieder vor allem dann anrufen, wenn sie leiden? Mit guten Gründen haben die großen Lehrer der Menschheit kundgetan, daß geistige Hilfe sehr wohl gewährt wird, wenn der Mensch aus der Inbrunst seines Herzens Leitung, Schutz oder Hilfe aus der Region des wesenhaften substantiellen Geistes *erwartet* oder *verlangt*, vorausgesetzt, er hat sich selbst dazu bereitet, solcher Einwirkung ein brauchbarer *Empfänger* zu sein.[30] Bô Yin Râ lehrt auch, „daß *alle* geistige Hilfe, zu deren Spendung der ewige Vater im Urlicht sich der durch ihn im Urlicht Leuchtenden bedient – *und es gibt keine andere ins Menschlich-Irdische wirkende geistige Hilfe oder Führung!* – stets nur die *Einzelseele* zu erreichen vermag, so daß ein geistiger Einfluß auf ‚ganze Völker' naturnotwendig *nur dort* sich ereignen kann, wo unter den Einzelseelen, die erst Völker zu *bilden* vermögen, viele Bildner sind, die sich selbst so zu formen wußten,

---

[29] Bô Yin Râ, Das Buch des Trostes, Bern: Kober Verlag 1983, S. 21. (3. Aufl.)
[30] Vgl. Bô Yin Râ, Briefe an Einen und Viele, Bern: Kober Verlag 1971, S. 79. (2. Aufl.)

daß geistige Führung von ihnen *aufgenommen* und *verstanden* werden kann: – daß geistige Hilfe ‚*empfangsbereite Herzen*' findet. (...) Es ist aber ein Irrtum, den ewigen, göttlichen Vater irgendwo im Bereiche innen- oder außenpolitischer Vorgänge irgendeines in der Weltgeschichte bekannt gewordenen Volkes am Werke zu glauben, wie es törichter Irrtum ist und die erschreckende Geistesfremdheit der tiermenschlichen Seele [der tierischen *Psyche*] verrät, wenn man in den schweren *Krisen* der Politik, die man ‚Kriege' und ‚Revolutionen' nennt, ewigen Willen des Geistes in der Auswirkung zu erblicken meint. In allediesem Geschehen wirkt *nur der tiergebundene Mensch der Erde*."[31]

Wenn man sich in das einfühlt, was hier ausgesagt wird, kommen einem heftige innere Widerstände ... Man will es nicht wahrhaben, daß Reaktionen der Psyche noch nicht Aktionen des Geistes sind. Man will es nicht wahrhaben, daß das Reagieren aus dem Ego – Kriege und Revolutionen – noch nicht ein Agieren aus dem Geist ist. Man lehnt es ab, wenn man von der „erschreckenden Geistesfremdheit der tiermenschlichen Seele" – eben der Psyche – hört oder liest, statt anzunehmen, daß nur eine Konversion der Psyche zum Geist die höhere Hilfe des „göttlichen Vaters" ermöglichen kann. So befinden wir uns wieder auf der Ebene der persönlichen Verantwortung, die nicht abgewälzt werden kann. Die Aufklärung geht aber weiter, wenn es heißt:

„Ihr sagt:
‚Die Weltgeschichte
Ist das Weltgericht!'
Gewiß!
Doch ein Gericht,
In dem der *Mensch* allein
Sich *selbst* das Urteil spricht!
Hier hat sich ‚Allmacht'
Aller Macht *begeben* ...
Hier spricht nur geist-*getrenntes*,
Tierversklavtes Leben!"[32]

---

[31] Ebd., S. 81-83.
[32] Ebd., S. 84.

Je mehr einzelne Menschen, individuelle Seelen aufwachen zum hell-lichten Tag des Geistes und des eigenen Ewigen, desto mehr wird es möglich sein, Grausamkeiten, Folter, Qual der Kinder usw. zu minimieren. Die persönliche Verantwortung läßt sich nicht abschieben – nicht einmal auf die geistige Welt, nicht einmal auf Gott!

(c) Es heißt aber auch, es sei eine kaum zu ertragende Vorstellung, „daß ewige Güte und Liebe in unbegrenzter Machtfülle diese Erdenwelt regiere, und dennoch alles ruhig geschehen lassen könne, was hier Tag um Tag und Nacht um Nacht an Furchtbarem, Schauerlichem und Entsetzlichem geschieht, obwohl es durch den bescheidensten Aufwand *überweltlicher* Macht so leicht zu *verhüten* wäre. Eine solche Vorstellung kann wohl als schwerster Seelendruck empfunden werden, und es ist begreiflich, daß man wie erlöst aufatmet, wenn man einsehen gelernt hat, daß hinter ihr *nichts Wirkliches* steht, und sie nur die Folge falscher Gottesbegriffe ist, die der gottferne Erdenmensch sich selbst geschaffen hat. (...) Es gibt sehr wohl nicht nur ‚mögliche', sondern geradezu alltäglich sich ereignende und überaus häufige göttlichgeistige Einwirkung auf irdische Dinge. Sie sind jedoch nur das Zeugnis des rein *gesetzmäßigen* Reagierens ewiger, vom Geiste ausgestrahlter Mächte und Kräfte, deren Einflüsse der Erdenmensch ohne jede Beihilfe auslöst, – nur durch *sein, den geistigen Gesetzen entsprechendes Verhalten.*"[33]

Das ist eine klare Auskunft, die auch von einer großen Anzahl religiöser Texte untermauert wird, – zum Beispiel von den „Psalmen Davids", – so daß man nur staunen kann „über die Erfahrungsweisheit, die sich Menschen einer uns halbbarbarisch erscheinenden Zeit zu verschaffen wußten, und fragt sich mit gutem Recht, ob nicht wir heutigen Europäer *ärgere* Barbaren seien, als jemals ein früheres Geschlecht ..."[34]

Eine gute Frage, wenn man bedenkt, daß – um nur ein Beispiel zu nennen – in der heutigen *Politik*, sagen wir: zwischen 1990 und 2000, die *Korruption* und die *Wirtschaftskriminalität* solche Ma-

---
[33] Ebd., 87-90. Zitat von mir leicht gekürzt – O. Zsok.
[34] Ebd., S. 91.

ßen erreicht haben, daß eine leidvolle Folge unausweichlich *viele* Menschen treffen *muß*. Wenn da sich selbst als „christlich" bezeichnende Parteien schamlos von „Werten" und „Gerechtigkeitsprinzipien" sprechen, – indessen sie in der Lüge und Heuchelei „baden", Tatsachen verdrehen und vertuschen, – oder, wenn Persönlichkeiten der Sozialdemokratie nicht das Gemeinwohl, sondern nur das private Wohl und die Stärkung der eigenen Machtposition vor Augen haben, dann *muß* das Konsequenzen nach sich ziehen. Die Konsequenzen aber sind bestimmte Formen der Leiderfahrungen, die einige Menschen *anderen Menschen zufügen.*
Neben der Politik sehe ich aber viel häufiger das Private. Ich höre oft Leidensgeschichten von Menschen, die in die Therapie kommen und nach *Sinn* suchen. Es sind Ehepaare, Singles, ältere und jüngere Menschen, die irgendeine Form des Leidens „loswerden" möchten. In den zahlreichen Gesprächen mit dem *homo patiens* habe ich eine zentrale Wahrheit erkannt: Das Leid überwinden jene Menschen, die in einer letzten, ehrlichen Konfrontation mit sich selbst *aufwachen* zu ihrem innersten geistigen Wesenskern.
Das den geistigen Gesetzen *entsprechende* Verhalten des Einzelnen zieht herbei die Auswirkung der geistigen Hilfe in dieser irdischen Welt. Das den geistigen Gesetzen *nicht* entsprechende Verhalten des Einzelnen torpediert die Auswirkung derselben Hilfe. Die „Torpedierung" bedeutet dann, daß unnötiges, vermeidbares Leid herbeigeführt und vermehrt wird, das eigentlich – durch den geistigen Gesetzen entsprechendes Verhalten – *hätte verhindert werden können.* Genau hier wird die unabwälzbare persönliche Verantwortung unumstößlich deutlich.
Das Phänomen des Leidens kann in dieser Welt sicherlich niemals gänzlich verschwinden. Über den möglichen Sinn des Leidens philosophiere ich nun weiter in den nächsten Thesen.

6. Leid ist unausweichlich in dieser Außen-Welt

In einer evolutiven Welt, die sich kosmisch und geschichtlich in den Koordinaten der Raum-Zeit entwickelt, in einer solchen Welt, in der das menschliche Leben auf Erden *physikalischen* Naturgesetzen unterworfen und der eigenen sowie der Freiheit anderer ausgeliefert und überantwortet ist, kann man gar nicht ohne Leid auskommen. Das Leid ist in dieser *Außen-Welt* Folge ihrer Raum verdrängenden und Eigenraum verschließenden Struktur. Die Gesetze dieser äußeren, *physisch*-sinnlichen Erscheinungswelt sind so gegeben, daß ihre Auswirkung Leid ermöglicht und bis zu einem gewissen Grad – eben in dieser Außen-Welt – unausweichlich macht.

Erinnern Sie sich noch an die Imaginationsübung mit der Schlupfwespe? Ich sagte: Die Schlupfwespe, die ihre Eier in den Leib der lebenden Raupe legen muß, damit die jungen Wespen durch den qualvollen Tod der Raupe zum Leben kommen, ist nur *ein* Beispiel unter Tausenden, das dem aufmerksamen Beobachter zeigt: die physisch-sinnlich faßbare materielle Welt – und gerade die Welt des organischen Lebens im Tierreich – ist alles andere als nur die Verkörperung „der Harmonie des Geistes". Diese Außen-Welt läßt sich nie gänzlich vom Leid *befreien*, da sie *nur bestehen* kann durch Leid.[35] Und dennoch weiß der Mensch von einer „Harmonie des Geistes" und er weiß, daß diese geistige Harmonie auch durch seinen – dem Leid ausgesetzten – Körper hindurch mit allen Sinnen erfahrbar und erlebbar ist. Wir haben aber nicht nur „physische Sinnesorgane". Hat etwa *Beethoven* die 9. Symphonie mit dem „physischen Hörorgan" gehört? Er war doch völlig taub. Und dennoch hörte er – geistig. Ja, Beethoven hörte geistig. Was uns oft täuscht, ist das Faktum, daß wir die körperliche *Erscheinung* des Menschen mit dem *Geistes-Menschen* identisch setzen. Aber:

Das *Psychophysikum* – dazu gehören alle Körperkräfte, Verstand und Vernunft – ist nur das „Organon der geistigen Person" (Frankl), allerdings ein unverzichtbares Organon. Hinzu kommt der *Geist* als das eigentlich Menschliche. Temperament und Charakter sind der *psychischen* Dimension zuzuordnen, auch Kopf, Verstand und Denken. Allerdings ist das „Sehen mit dem Herzen" und das „Erkennen mit dem Geist" schon die dritte, eigentlich menschliche Dimension. Hierzu zählen: Humor, Gebet, Spiritualität, Leidgestaltung, Hoffnung, wahre Liebe, Verzeihenkönnen, Gewissen, Künstlertum als schöpferischer Akt (Michelangelo,

---

[35] Vgl. Bô Yin Râ, Die Ehe, Bern: Kober Verlag 1986, S. 90. (5. Aufl.)

Bach, Mozart, Beethoven), Distanz nehmen vom *Ego* und Selbsttranszendenz: die Fähigkeit, über sein Ego hinaus wachsen zu können.[36] Geistig wurzelt der Mensch in der Transzendenz (in der Gottheit). Des Menschen Geist ist nicht von dieser Erde, aber er muß sich aller Kräfte der Erde bedienen (durch den Körper), um sich selbst im *Zustand der Inkarnation* seiner individuellen *Formvollendung* entgegenzubringen. Ich darf hier wieder zitieren:
„Wer *den Menschen* sichten und somit *sich selbst erkennen* lernen will, der muß in *die Heimat* des Menschen gehen, – muß sein Suchen auf *jene* Wege lenken, auf denen die *Höhenregion* zu erklimmen ist, aus der des wirklichen Menschen *ewiger* Organismus stammt, niemals irdischen Sinnen faßbar, und auch dem erdenhaften *Verstande* nur erkennbar in den *Auswirkungen* geistig geschaffener Impulse.
Solange wir uns nur mit der *menschlichen Erscheinungsform auf dieser Erde* beschäftigen, stehen wir lediglich einem disharmonisch gearteten *Tiere* gegenüber, – *disharmonisch*, weil es sich nicht allein als *Tier* zu erleben sucht, sondern offenbar auch noch aus *anderen* Kräften, *die nicht* zu den Kräften des Tieres gehören, Erlebensanregung empfängt, – *disharmonisch*, weil es durch diese tierfremden Kräfte geradezu daran *gehindert* wird, sein Dasein, unbeschwert mit Schuldbelastung, in tierischem Behagen auszukosten. –
Es *muß* daher vor allem der Irrtum erkannt und überwunden werden, als sei *der Mensch nur* die Erscheinungsform, die wir *auf dieser Erde* mit dem Namen: ‚Mensch' belegen. – –"[37]
Das ist der springende Punkt: Der Mensch, wie wir ihn auf Erden kennen, empfängt auch noch aus *anderen* Kräften, *die nicht* zu den Kräften des Tieres gehören, Erlebensanregungen – und deshalb kennt er die „Harmonie des Geistes". Wie denn sonst hätte

---

[36] Siehe: Viktor Emil Frankl, Logotherapie und Existenzanalyse. Texte aus sechs Jahrzehnten, Weinheim: PVU-Verlag Quintessenz Verlag 1998. (3. Aufl.) Und siehe auch die Memoiren eines großen Seniors Viktor Frankl, Was nicht in meinen Büchern steht. Lebenserinnerungen, Weinheim: PVU-Verlag 1995. (2. Aufl.)
[37] Bô Yin Râ, **Das Buch vom Menschen**, Bern: Kober Verlag 1992, S. 10f. (4. Aufl.). **Dieses Buch ist schlicht und einfach fundamental**, wenn man sich über den Menschen, über sein Schicksal und seine Zukunft Gedanken macht.

Mozart jene überirdisch harmonische und makellos schöne Musik komponieren können?

Die „Harmonie des Geistes" als Zustand und Haltung, als ausgewogene, alle Kräfte eines Lebens integrierende Gelassenheit ist aber bei uns Mittelmäßigen allzu oft nur in Form der Sehnsucht erreichbar. Doch manche Sehnsucht kann in Erfüllung gehen. Man kann etwas Wichtiges *herbeisehnen*. Zum Beispiel kann ein Mensch herbeisehnen, immer mehr von Leid frei zu werden, soweit dies der Ablauf des irdischen Geschehens ermöglicht. Oder: Mehrere Menschen können gleichzeitig herbeisehnen und sich darum bemühen, den *Haß* in sich selbst zu vernichten, denn nur dieser „innere Vernichtungskrieg" ist der einzig „gerechte" Krieg, der einst die *Menschenmordkriege unmöglich machen* wird![38]

Sehr wohl kann und soll der Mensch das veränderbare Leid bekämpfen, relativieren und überwinden; er wird gewiß das vielfältige Leid, das diese Erde und deren Bewohner überreichlich aus sich selbst produzieren, niemals gänzlich und restlos auslöschen können. Nichtsdestotrotz sollte er sich beharrlich und öfters sagen:

„*Alles Leid ist ein Übel, das ich überwinden muß!*
Alles Leid ist ein Übel, und ich bitte im Geist, daß ich vor ihm Bewahrung finde, soweit es irdischer Geschehensablauf zuläßt!
Alles Leid ist ein Übel, und ich will nicht dem Übel Zuwachs geben auf der Erde, sei es durch meine Furcht, die es anzieht, sei es durch meinen Glauben an seine vermeintlich heiligende Kraft!"[39]

Ja, es ist die Furcht und die Angst des einzelnen Menschen, die das Leiden anzieht. Wegen der übertriebenen Bedeutung, die viele Menschen der Angst zuerkennen, möchte ich hier dem Angstphänomen einige Zwischenbemerkungen widmen.

(a) Es trifft sicherlich zu, wenn man sagt: Das ärgste Hindernis auf dem inneren Weg zum Logos, zur Reife, zur sinnvitalen Persönlichkeit ist die den Menschen in vielerlei *Masken* bedrängende Angst. Zum Beispiel:

---

[38] Vgl. Bô Yin Râ, Das Buch vom lebendigen Gott, Bern: Kober Verlag 1990, S. 195. (7. Aufl.)
[39] Bô Yin Râ, Das Buch des Trostes, Bern: Kober Verlag 1983, S. 32f.

– Angst, einem Irrtum anheimzufallen. (Da ist der Rechtsanwalt, der nicht mehr schlafen kann, weil er die schrecklichen Folgen möglicher Fehler vor Augen hat und sich immer schon beruflich und gesellschaftlich ruiniert fühlt).

– Angst, sein eigenes Welt- und Selbstbild revidieren zu müssen. (Da ist der Priester, der sein Amt aufgegeben hat und mit allem, was ihm Kirche und zölibatäre Lebensform vorhin bedeutet hat, nun in Konflikt geraten ist. Er hat jetzt Angst, sagt er, sich ein neues Selbstbild aufzubauen, sich *neu* zu orientieren).

– Angst, etwa von Anderen verlacht zu werden. (Da ist der Politiker, der fürchtet, sein Image zu verlieren, wenn er vor der Öffentlichkeit zugeben würde, daß er Gelder seiner Partei für rein private Zwecke in Anspruch genommen hat. Da ist der Mann, der Angst hat, von seiner Frau ausgelacht, verspottet oder weggestoßen zu werden, wenn er ihr seine erotischen Phantasien einmal anvertraut. Oder da ist der Student, der eine Langzeituntersuchung über das Phänomen „Angst" macht, natürlich aus purem „wissenschaftlichen" Interesse, und er würde sich hüten, zuzugeben, daß *auch er* Angst hat, da er „verlacht" oder ausgelacht und verspottet werden könnte).

– Angst, vor der Einsamkeit. (Da ist z.B. die alleinstehende Mutter, die ihren Sohn so sehr an sich zu binden versucht, daß der arme Junge auch als Erwachsener nur ein Jüngling, aber kein Mann ist, da die Mama ihn als „Medizin für ihre Einsamkeit" benutzt hat, und er sich benutzen ließ).

– Angst, es nicht zu schaffen, was auch immer man sich da vornimmt (z.B. eine Firma zu gründen, oder eine Beziehung verbindlich einzugehen, oder eine Beziehung gelassen und versöhnt zu lösen usw.).

– Da ist die Angst vor dem Tod, vor der letzten Ohnmacht, die den Menschen überfällt, wenn er das Ende seines psychophysischen Lebens nahen fühlt.

– Und da ist die Angst vor einem „angeblichen Gott", der seine armen Kreaturen mit „Höllenstrafen" droht ...

Große und beachtenswerte Gründe, die Menschen für ihr Tun angeben, verbergen nun allzu häufig bloß irgendeine Form der Angst. Darum empfehle ich hier die Übung: Prüfe man sorgfältig, ob sich hinter dem, was man seine Gründe und Absichten nennt, nicht nur irgendeine Form der maskierten Angst versteckt ist!

(b) Obwohl es vielen nicht ganz leicht fällt, alle Angst zu besiegen, ist es doch weitaus *leichter*, die Angst zu *besiegen* als das Aufspüren ihrer Masken. Die Angst ist für viel mehr Torheit, Greuel und Grausamkeit in der Welt verantwortlich, als die von der Angst Geplagten ahnen und zugeben möchten. Am besten schaut man die Geschichte des eigenen Lebens an, um die Wahrheit dieses Satzes zu erkennen.

Die sog. „Gewissensangst", eine Form der Angst, auf die sich Skrupulanten und stark zwanghafte Menschen berufen, hat durchaus *nicht immer* mit dem Gewissen zu tun. Wenn sie uns quält, sollen wir eine Zeitlang unsere innere Entfaltung unbeachtet lassen. In solchen Zeiten sollten wir uns in keiner Weise mit uns selbst beschäftigen, bis die Angst von uns gewichen ist. Vielmehr sollen wir uns der „Welt da draußen" widmen und dort Aufgaben wahrnehmen. Diese dereflektorische und *selbsttranszendente Außenorientierung* ist höchst gesund und ratsam, denn: Niemals kann aus der Angst Gutes und Sinnvolles entstehen.

Angst ist letztlich nur dort wirksam, wo Mangel an Vertrauen in die eigene *Selbst- und Daseinsberechtigung* aufkommen konnte. Man soll nicht an sich arbeiten wollen, wenn Vertrauensmangel zu sich selbst herrscht. Man soll in den eigenen Ängsten nicht wühlen, man soll den Ängsten keinen „Altar errichten", sondern vielmehr strebe man danach, *sinn- und wertorientiert* zu handeln. Der Mensch soll zwar seinen „Ego-Spielen" mißtrauen, aber niemals das Vertrauen in das eigene wahre und heile Selbst verlieren.

(c) Vertrauen des Herzens, Mut zum eigenen Lebens-Sinn und Liebe zum ganzen Leben sind die Heilmittel gegen die Angst! Leben entfaltet sich zwar prozeßhaft, aber es ist ein Ganzes. Es ist offensichtlich, „daß *kein Ganzes teilweise bejaht werden kann, ohne seine Ganzheit aufzusplittern*" (E. Lukas). Man kann sich kaum oft genug energisch den Befehl zum Erwachen aus der Angst geben. Ja, erwachen muß man aus dem Zustand der Selbsthypnose (= Angst): Erwachen zum Mut zum eigenen Lebens-Sinn!

Mut – ist das, wie die Alten sagten, was mit der Tugend der *Tapferkeit* eng verwandt ist, mit jener *Seelenkraft*, welche die richtige Zuordnung der Dinge erfühlt. „Echte Tapferkeit setzt eine richtige Einschätzung der Dinge voraus, sowohl derer, die man ‚riskiert', als auch derer, die man durch den Einsatz zu bewahren oder zu gewinnen hofft."[40] Mut zum eigenen Lebens-Sinn und Tapferkeit, diesen eigenen Sinn zu verwirklichen, heißt nicht, daß man keine Furcht haben darf oder hat, sondern es heißt, daß ein Mensch, trotz Furcht, seine Lebensfrustrationen nicht für wichtiger hält, als das Noch-Werdbare und das Noch-Gestaltbare. Frage man sich in der Krise der Trennung, der Scheidung, des Verlustes der Lebensqualität und im Leiden:
Wo habe ich noch einen *Freiraum*, um etwas verändern zu können?
Wo erkenne ich noch Werte, die mich angehen?
Was kann ich tun oder lassen, um den Sinn dieser einmaligen Situation zu verwirklichen?
Mut zum eigenen Lebens-Sinn bedeutet, zweitens, daß ein Mensch das Seine lebt mit Bezug auf den Logos und es verwirklicht. Uwe Böschemeyer sagt dazu:
„Mut – das ist das Gefühl, das sich bei dem Menschen einstellen kann, der sich (wieder) auf sich selbst besinnt und begreift, wie gern er doch leben will und wie stark seine *Liebe zum Leben* ist. Mut – das ist das Gefühl, das sich bei dem Menschen einstellt, der sich gegen unlebendiges, krankes oder zerstörerisches Leben aufbäumt – der sich gegen ein Leben *empört*, das so, wie es ist, nicht sein darf und soll."[41]
[Wichtige Zwischenbemerkung (!): Diese Empörung ist unvergleichlich *hörbar* in der *5. Symphonie von Beethoven*, – in der sog. *Schicksalssymphonie*, – und zwar im und nach dem Übergang aus dem dritten in den vierten Satz. Ich wüßte nicht, welches andere musikalische Kunstwerk solch eine gewaltige Gestaltungskraft und Mächtigkeit bewußt machen kann.

---

[40] Josef Pieper, Vom Sinn der Tapferkeit, in: Werke in acht Bänden, hier Band 4: Schriften zur philosophischen Anthropologie und Ethik: Das Menschenbild der Tugendlehre, hrsg. v. Berthold Wald, Hamburg: Felix Meiner Verlag 1996, S. 120.
[41] U. Böschemeyer, Neu beginnen! Konkrete Hilfen in Wende- und Krisenzeiten, Lahr: SKV-Edition 1996, S. 7.

Die hörbar emporziehende und emporzwingende Gestaltungs-Kraft in diesem *Crescendo* empfinden wir unwiderstehlich. Und die dem *Humanissimum* entsprechende geistig-ethische Botschaft des ganzen 4. Satzes in Allegro lautet, wenn ich das überhaupt in Worte fassen kann:
Höre, oh Mensch! Zu einem *Empörer* sollst Du werden, der sich empor- und herausreißt aus dem klebrigen Lehm der ausgefahrenen Alltagsstraßen. Freien Schrittes wirst Du den Felsenpfad ersteigen, der Dich *in Dir selbst* zu Deinen Gipfelfirnen führt![42]
Besondere Achtung verdienen hier die Bläser und die Bässe: Beethoven spricht sich hier in seinem Wesenskern aus, und mir zittern dabei die Sinne, sooft ich ihn an dieser Stelle „sprechen" höre. Das ist Selbstaussprache des kämpferischen und den *Sieg* anvisierenden Geistes à la Beethoven. Man *höre* die Musik!]
Das Leben als Ganzes beinhaltet auch Leiden; und weil das Leiden *zum* Leben gehört (und nicht umgekehrt!), gilt das Motto: „...trotzdem **ja** zum Leben sagen!" (Frankl).[43] Der Mensch soll *sich selbst* suggerieren, sich selbst belehren oder *sich belehren lassen*, daß es tatsächlich nichts gibt, vor dem er Angst zu haben bräuchte.
Der *Wille zur Freude* spielt in diesem Zusammenhang die größte Rolle. Angst weicht zurück, wenn ein Mensch seine Aufmerksamkeit primär darauf richtet, wie er anderen Freude bereiten könnte.
Das Sich-ängstigen ist nur allzu oft ein vom Menschen selbst erzeugtes Schreckgespenst: ein *Teil des Psychophysikums* und Auswirkung des überstrapazierten Nervensystems, der plastischen Phantasie, der Erschöpfung und der *Einsamkeit*. Letztere erzeugt viel mehr Angst als zahlreiche organisch oder psychisch begründete Neurosen. Nicht die sog. schöpferische Einsamkeit, sondern die Einsamkeit als Vereinsamung und Isolation verwandelt das Leben vieler Menschen – schon in sehr jungen Jahren – in eine harte Probe. Wie mir einmal jemand geschrieben hat: „Die Arbeitskollegen haben während meiner langen Krankheit angerufen

---

[42] Vgl. dazu: Bô Yin Râ, Das Buch vom Menschen, Bern: Kober Verlag 1992, S. 16, (4. Aufl.)
[43] So heißt das weltberühmte Buch, in dem Frankl seine Erfahrungen im Konzentrationslager beschrieben hat. Zuletzt erschienen beim DTV München 1999, 18. Auflage.

und mit baldige Genesung gewünscht. Aber Sie waren der einzige, der mich im Zusammenhang mit dem Kranksein gefragt hat, ob ich mich *einsam* gefühlt hätte. Auf Ihre Frage, die mir gut getan hat, will ich Ihnen antworten. Seitdem ich mich von meinem Mann getrennt habe, erfuhr ich öfters tiefe, quälende Einsamkeit, aber so ‚ausschweifend' wie ich sie zur Zeit durchlebe, habe ich die Einsamkeit noch nicht gekannt. Sie belastet mich zwar, aber ich überlagere sie nicht mehr, decke sie nicht zu, weder mit tollen Taten noch mit tollen Menschen. Die hohlen ‚Schicki-Micki-Leute' um mich herum kann ich nicht mehr ertragen. Schließlich ist die Einsamkeit eine der Vorstufen zum Sterbenkönnen. Ich versuche sie *ganz* zu leben, und lebe noch dabei." (Eine 57jährige Frau). Diese Worte beschreiben die durchlittene Einsamkeit eines Menschen. Vieles im Leben wird *anders* und *besser* für die Psychohygiene, wenn ein Mensch seiner eigenen Einsamkeit, die phasenweise auch in der Ehe auftritt, entgegengeht und sie nicht nur als Verlassenheit und Angst, sondern bewußt auch als Chance für eine innere Sammlung, für einen Neubeginn oder eben als Einübung in das Sterbenkönnen durchlebt. Es ist nur die eine Seite der Einsamkeit, daß man sie flieht und fürchtet. Der andere, wichtigere Aspekt ist, daß man sie auch suchen und sogar lieben kann – als jenen „Ort im Inneren", an dem sich *eine höhere Gegenwart* offenbaren kann.

Die Bekämpfung der Angst ist erfolgreich, wenn jene Vorstellungen, welche die Angst in der als Isolation erlebten Einsamkeit erzeugen, klar erkannt und die angstbewirkenden Momente dieser Vorstellungen durch nüchterne Betrachtung zur *Zersetzung* gebracht werden. Zweierlei wichtige Impulse dazu:

– Sich selbst befehlen, sofort aus dem eingetretenen Angst*krampf* zu erwachen.

– Unerschütterlich daran *glauben*, daß was mir neunundneunzig mal nicht gelungen ist, zum hundertsten mal gelingen kann, wenn ich mich selbst immer wieder „zur Freude *stimme*" und darauf gerichtet bin, anderen Mitmenschen, – zunächst nur jenen, die mir anvertraut sind, – auf *ihre Weise Freude* zu bereiten!

Haben Sie sich manchmal gefragt und sich lebhaft vorgestellt, *wie* die Welt aussehen könnte, wenn viele Menschen 48 Stunden lang primär sich darüber Gedanken machen würden, wie sie ihren Mitmenschen Freude bereiten könnten?

Haben Sie sich ausgemalt, wie sich das Angesicht der Erde verwandeln könnte, wenn 48 Stunden nicht die Angst, sondern das *Vertrauen des Herzens* das Leben bestimmen würde?

Zur Abrundung dieser sechsten These erzähle ich eine Geschichte, die ich bei Anthony de Mello gefunden habe. Darin heißt es:
Ein kleiner Junge spaziert am Ufer eines Flusses entlang. Er sieht ein Krokodil, das sich in einem Netz verfangen hat. Das Krokodil sagt: „Hab Mitleid mit mir und befreie mich! Ich sehe vielleicht häßlich aus, aber dafür kann ich nichts, ich bin so auf die Welt gekommen. Aber wie häßlich ich aussehen mag, so habe ich doch ein liebendes Mutterherz. Als ich heute früh Futter für meine Kleinen suchte, ging ich in diese Falle!"
Der Junge erwidert: „Wenn ich dich befreie, fängst du mich und tötest mich." Das Krokodil fragt: „Glaubst du, das ich so etwas meinem Wohltäter und Befreier antun könnte?"
Der Junge ist überzeugt und öffnet das Netz. Sofort schnappt das Krokodil nach ihm. Im Rachen des Krokodils sagt der Junge: „Das also ist dein Lohn für mein gutes Werk." Das Krokodil entgegnet: „Nimm's nicht persönlich, Kleiner, so ist die Welt nun einmal, das ist das Gesetz des Lebens."
Der Junge widerspricht, bis das Krokodil den Vorschlag macht: „Willst du einen anderen fragen, ob das stimmt?" Der Junge sieht einen Vogel, der auf einem Ast sitzt und fragt ihn: „Vogel, stimmt das, was das Krokodil sagt?" „Ja", antwortet der Vogel, „das Krokodil hat recht. Sieh mich an: Ich kam einmal mit Futter für meine Jungen nach Hause, und stell dir diesen Schreck vor: ich sah eine Schlange, die den Baumstamm hinaufkroch, genau auf mein Nest zu. Ich konnte gar nichts dagegen tun. Sie verschlang meine Jungen, eines nach dem anderen. Ich kreischte und schrie, alles war zwecklos. Das Krokodil hat recht, das ist das Gesetz des Lebens, so ist die Welt nun einmal."
„Siehst du", sagt das Krokodil. Doch der Junge bittet: „Laß mich noch jemanden fragen." Das Krokodil sagt: „Von mir aus!"
Da kommt ein alter Esel am Ufer dahergetrottet. „Esel", sagt der Junge, „stimmt das, was das Krokodil sagt?" Der Esel antwortet:

„Das Krokodil hat schon recht. Sieh mich an. Mein Leben lang habe ich für meinen Herrn geschuftet und gerackert und dafür kaum genug Futter bekommen. Jetzt, da ich alt und nutzlos bin, ließ er mich laufen. So streife ich durch den Dschungel und warte darauf, daß mich ein wildes Tier anspringt und meinem Leben ein Ende macht. Das Krokodil hat recht, das ist das Gesetz des Lebens, so ist die Welt nun einmal."

„Siehst du", sagt das Krokodil, „also los!" Doch der Junge bittet es: „Gib mir noch eine Chance, eine letzte Chance. Laß mich noch ein anderes Wesen fragen. Denk daran, wie gut ich zu Dir war." Das Krokodil gibt nach: „Gut, du sollst deine letzte Chance haben."

Der Junge sieht einen hasen vorbeilaufen und fragt ihn: „Hase, hat das Krokodil recht?" Der Hase richtet sich auf seine Hinterläufen auf und fragt das Krokodil: „Das hast du gesagt?"

„Ja, das habe ich."

„Einen Augenblick mal", sagt der Hase, „darüber müssen wir diskutieren."

„Von mir aus", sagt der Krokodil. Doch der Hase fährt fort: „Wie können wir darüber sprechen, wenn du einen Jungen im Maul hast? Laß ihn raus; auch er muß an unserer Diskussion teilnehmen."

Das Krokodil erwidert: „Du bist schön schlau. Sobald ich ihn herauslasse, läuft er davon." Der Hase aber gibt zurück: „Ich dachte, du hättest mehr Verstand als er. Sobald er wegzulaufen versucht, kannst du ihn mit einem Schlag deines Schwanzes töten."

„Also gut", sagt das Krokodil und läßt den Jungen los. Im selben Moment ruft der Hase: „Lauf!" Der Junge läuft und ist gerettet.

Nach kurzer Zeit fragt der Hase den Jungen: „Magst du denn kein Krokodilfleisch? Möchten die Leute aus deinem Dorf nicht einmal ein gutes Essen? Du hast das Krokodil nicht vollständig befreit; sein ganzes Hinterteil steckt noch im Netz. Warum gehst du nicht ins Dorf und bringst alle her? Dann macht ihr ein Festessen."

Gesagt, getan. Der Junge geht ins Dorf und ruft alle Männer zusammen. Sie kommen mit Äxten, Knüppeln und Speeren und töten das Krokodil. Der Hund des Jungen läuft hinter der Menge her. Sofort sieht er den Hasen, jagt ihm nach, packt ihn und beißt ihn in die Kehle. Der Junge eilt herbei, doch zu spät. Während er den Hasen in den letzten Zügen sieht, sagt er:

„Das Krokodil hatte doch recht, so ist die Welt nun einmal, das ist das Gesetz des Lebens."[44]

Ist das eine mögliche Erklärung für all das Leid, das Böse, die Qualen, die Zerstörung und für den Hunger in der Welt? Oder für die Unausweichlichkeit des Leidens in dieser Welt?

Ist die „Harmonie des Geistes" umsonst zu haben?

Muß im Bereich des Menschlichen auch sehr vieles so ablaufen, wie in dieser Geschichte?

7. Veränderbares Leid rüttelt zu neuer Willensbildung auf!

Unter *veränderbarem* Leid verstehe ich jene Formen des Übels, deren ursächliche Beseitigung bzw. Einschränkung und Verwandlung ins Positiv-Schöpferische der Macht und dem Wollen des Menschen unterstellt sind. – Eine *operable Herzkrankheit* kann und soll operiert (und nicht als Leid ertragen) werden. Eine *Neurose* ist mit therapeutischen Mitteln und durch Selbsterziehung heilbar. Die *pathogene Angst* kann in der Kraft des Glaubens und des Urvertrauens überwunden werden. Eine *mißlungene Partnerschaft*, in der sich Menschen gegenseitig Leid und Schmerz zufügen, kann beendet oder positiv fortentwickelt werden. *Soziale Mißstände* eines Landes, eines Kontinents können (zumindest weitgehend) verbessert werden usw. Diese Formen von Leid stellen eine starke Herausforderung an den menschlichen Geist dar. Gewöhnlich mobilisieren sie verborgene, schlafende seelisch-geistige Kräfte im Menschen und fördern ihn so. Das ist der Sinn vieler Formen des veränderbaren Leides, daß es nämlich ein dumpf, somnambul und stur dahinvegetierendes Gemüt zu *neuer Willensbildung* aufzurütteln vermag.

Ich sagte vorhin: Mein äußeres Bauen ist wohl störbar, z.B. dadurch, daß ich Verletzungen, die *andere* verursachen, grüblerisch analysiere und „aufblase", oder dadurch, daß ich Verletzungen

---

[44] Nach Anthony de Mello: Der springende Punkt. Wach werden und glücklich sein, Freiburg: Herder Verlag 1992, S. 90ff.

austeile. Das sind veränderbare Formen des Leidens, die uns zur neuen Willensbildung herausfordern. Darum gilt:
Mein *geistiges* Bauen aber ist nicht störbar, wenn ich das rohe Material der Verletzungen zu bearbeiten und zu formen mich bemühe, zum Beispiel dadurch, daß ich etwas *ver-schmerze*, oder jemanden *er-trage*, der sich wie ein Querulant verhält, oder dadurch, daß ich großzügig ein Unrecht verzeihe bzw. ich um Verzeihung bitte, wenn ich Unrecht getan habe. Oder dadurch, daß ich mich um *Wiedergutmachung* bemühe und aufhöre, dem anderen wegen seines Fehlverhaltens „ewig" Vorwürfe zu machen usw. Ich bin aufgerufen, – das Leben ruft mich jeden Tag, – *das Rohmaterial*, das Rohe (in mir) zu bearbeiten, um es zur harmonischen Form umzugestalten. Warum wir wohl diesen Ruf so oft überhören? Weil wir in unserem somnambulen Zustand, von vornherein das Leid, das Negative, das Unangenehme *erwarten*. Würde der Mensch das Leid nicht mehr *erwarten*, dann könnte das allermeiste (veränderbare) Leid auf dieser Erde *verschwinden*. Es steht geschrieben: „*Erwarte nicht* das Leid und suche es nicht geflissentlich, durch deine *Angst* davor, *herbeizuziehen*; aber wo es dich *traf*, da wisse, daß dein Leben dich in irgendeiner Weise *aufwärts* führen will."[45]
Damit ein Mensch sich vom veränderbaren Leid nicht niederdrücken läßt, kann und sollte er das Feuer der verschütteten Liebeskraft in sich selbst zum Leben erwecken. Allein die Erweckung der „eigentlichen Liebe" (Frankl) in uns besitzt die Klarsicht und die Macht, die veränderbaren Formen des Leids *nicht als unveränderlich* hinzunehmen.
An die *Macht der Liebe* zu glauben, ist meines Erachtens unerläßlich. Die Macht der Liebe darf allerdings nicht verwechselt werden mit der *Liebe zur Macht*, denn wahre, eigentliche Liebe trägt eine geheimnisvolle geistgezeugte Macht in sich selbst, die alles umgestaltet und durchdringt, was um sie herum lebt und ist. Das Geheimnis der eigentlichen Liebe sehe ich darin, daß der Mensch sich selbst *und* den anderen – der ihm anvertraut ist oder den er sich vertraut gemacht hat – zugleich bejahen und lieben soll. Liebe ist: Verbindung, Vereinigung, Ausgleich von Gegensätzen, Er-

---

[45] Bô Yin Râ, Das Buch des Trostes, Bern: Kober Verlag 1983, S. 22.

kennen der Einmaligkeit und Einzigartigkeit des anderen, sich selbst zurücknehmen oder sich selbst hingeben – je nach Situation. Liebe ist göttlich *und* menschlich. Sie hat eine himmlische und eine irdisch-menschliche Form. In der *irdischen* Liebe wollen wir immer etwas auch für uns *haben*. In der irdischen Liebe *begehren* wir den *Gegenstand* der Liebe. Es kommt uns auf das „Haben" an und auf ein *Wohlgefühl* bei diesem „Haben" – sei es auch nur ein „Haben" durch Sehen und Hören, durch Nähe und Zuwendung, durch das Bewußtsein, daß der Geliebte sich irgendwo in der Nähe aufhält. In der *irdischen* Form der Liebe ist stets ein *Ver-langen*, ein *Daneben-langen*, – ein Greifen nach außen, ein Heranziehen und ein dominierend Besitzenwollen. Genau deshalb und daran scheitern viele Beziehungen.

Es gibt aber auch jene hohe, „himmlische" Form der Liebe, die ein inneres *Leuchten*, ein *Strahlen* und *Wärmegeben* ist, – ein Überströmen aus dem Innern über alles Äußere.[46] Das ist die gegenstandslose Liebe. Es ist Aufgabe des Menschen, sich selbst zu diesem Strahlen und Entbrennen der „himmlischen" Liebe zu bringen. Es genügt, damit zu beginnen: mehr *geben* zu wollen als von anderen zu *erwarten*. Der Rest entwickelt sich Schritt für Schritt.

Ob irdisch oder himmlisch: in beiden Fällen müssen wir uns von der Liebe *entflammen* lassen, wenn wir wissen wollen, *was* die Liebe in ihrer irdischen ans Physisch-Leibliche gebundenen und in ihrer *höchsten* geistigen Form in Wirklichkeit ist.[47] Dann aber erkennen und überwinden wir das veränderbare Leid. Dann nehmen wir nicht fatalistisch hin, was *dem Schein nach* unveränderbar, aber der realen Möglichkeit nach sehr wohl veränderbar ist. Dann wissen wir: In der Kraft und durch die Macht der hohen „himmlischen" Liebe läßt sich das zunächst als unerbittlich Empfundene in eine geistige Leistung verwandeln. Im einzelnen Menschen beginnt dieses Abenteuer, wenn er in sich selbst Räume für die Strahlen der „himmlischen" Liebe schafft. Es genügt für den Anfang, damit beginnen *zu wollen* und ein bißchen mehr *geben zu wollen*, als man zu bekommen hofft.

---

[46] Vgl. Bô Yin Râ, Das Buch der Liebe, Bern: Kober Verlag 1990, S. 64–66.
[47] Vgl. ebd., S. 71.

8. Unveränderbares Leid fordert zu neuer Einstellung heraus!

Unter *unveränderbarem* Leid verstehe ich – auf der Basis der Franklschen Logotherapie – jene Formen der Not, deren Eliminierung nicht möglich ist. Es handelt sich hier um etwas Schicksalhaftes, um Widerfahrnisse, um plötzliche negative Ereignisse, die wie ein Schicksalsschlag kommen. –
Eine *Ehefrau* verliert ihren Mann und ihr Kind, da beide bei einem Autounfall umkommen. Die Toten kann man nicht mehr zurückholen. *Das Bein eines Mannes* muß, im Zuge einer Verletzung im Krieg, amputiert werden. Ein *menschliches Schicksal* muß gestaltet und erduldet werden, weil man sich im Kriegsgebiet oder in einem Konzentrationslager oder in einem Totalitärsystem befindet. („Unglaublich", sagte mir einmal eine über achtzigjährige Frau, „wie *viel* Elend und Leid ein Mensch aushalten kann." Sie wies mit diesen Worten auf die Kriegserlebnisse hin und fügte noch hinzu: „Trotzdem leben wir noch und es geht uns gut, sehr gut sogar.") *Das Älterwerden* und die *Einsamkeit* müssen ertragen werden. Eine *Mutter*, deren Sohn sich in der Drogenszene ruiniert, muß ohnmächtig zusehen. Ein *Mann*, der getrennt von seiner früheren Partnerin lebt, muß aushalten, sein Kind unbestimmte Zeit nicht sehen zu dürfen, weil die Frau aus Rache, Neid, Besitzenwollen und Eifersucht sich querlegt und in eine entfernt liegende Stadt umgezogen ist. Ein *Kind*, das mit Gewalt von einem Elternteil getrennt wird, muß damit leben, daß ihm *ein Teil* seiner Welt und seiner Identität geraubt wird.
Das unveränderbare Leid ist weitgehend gekennzeichnet durch das abgrundtiefe Gefühl der *Ohnmacht*, des Äußerlich-nichts-tun-Könnens, des seelischen und/oder leiblichen Schmerzes, wie dies z.B. bei sogenannten Schmerzpatienten der Fall ist.
Was soll und kann man dazu noch sagen? Was soll noch ein Mensch in seiner (fast) unerträglichen Ohnmacht tun?
Vielleicht bleibt man zunächst still. Vielleicht tritt man nach innen einen Schritt zurück. Vielleicht denkt man zum ersten mal, daß dieses irdische Leben nicht das Ganze sein kann. Vielleicht versucht man, in sich selbst hinein *Worte der geistigen Kraft* zu sprechen:

> Nimm dein Leben wie es ist!
> Denke nicht: „*So könnt' es sein.*"
> Fluche *keinem* deiner Tage!
> Was du tragen mußt, *ertrage!*
> Alles, was dir je begegnet,
> *Segne*, und du wirst gesegnet! –[48]

Diese rhythmisch gefügten Worte sind Lehr-Worte eines Weisen, eines deutschen geistigen Lehrers. Sie sind mit einer ursprünglichen *Geisteskraft* erfüllt, deren „Logos" (deren innere *Sinn-Gestalt*) nicht verfehlt werden kann, wenn man sie mit allen Sinnen aufnimmt. Vielleicht gelingt es einem empfangsbereiten Menschen, noch im unveränderbaren Leid, sich langsam an eine *Kraft* heranzutasten, die in bestimmten Worten verborgen liegt. Wie Elisabeth *Lukas* schreibt: „Es müssen nicht zahlreiche Worte sein" [welche uns jene verborgene Kraft erschließen]. „Aber es müssen Worte sein, die von Wesentlichem künden. Worte, die haften bleiben, weil sie irgendeinen sinnvollen Aspekt aufleuchten lassen, der ... [den Menschen] daran erinnert, daß er in den allumfassenden und unfaßbaren Sinn der Welt persönlich hineinentworfen, hineingeschaffen und hineingeliebt ist."[49]

9. Das Leiden spornt an, den Aus-Weg zu suchen!

Heißt das unveränderbare Leid, daß man *absolut nichts* mehr tun kann? Die Logotherapie lehrt, daß der Mensch auch im Leiden gefördert werden kann. Allein, es ist keineswegs das Leiden „an sich", das ihn fördert, sondern vielmehr die *innere-geistige Einstellung*, die auch noch im Leiden, und erst recht in ihm, offenbaren kann, wessen der Mensch allein in seinem *Humanissimum* (!) eigentlich fähig ist. Und er ist fähig, sein eigenes seelisches Leid so zu gestalten und zu formen, daß er selbst größer wird durch diese geistige Leistung. Daß diese Leistung oft nicht im aktiven

---

[48] Bô Yin Râ, Wegweiser, Bern: Kober Verlag 1992, S. 176, (3. Aufl.)
[49] Elisabeth Lukas, Worte können heilen. Meditative Gedanken aus der Logotherapie, Stuttgart: Quell Verlag 1998, S. 7.

Tun, sondern im *Lassen*, im *Los-lassen* oder im „*Den-höheren-Mächten-Überlassen*" besteht, werden alle wissen, die mit unveränderbarem Leid schon umgegangen sind. Aber Achtung (!): Man sollte nicht meinen, daß dieses und jenes, was allzu schnell als „unveränderbar" zu sein *scheint, tatsächlich* unveränderbar *ist*. Gerade die verführerische Idee, das eigene Leid „heiligzusprechen", sich selbst als „Märtyrer" zu feiern oder sich selbst durch falsches Bemitleiden in der Weiterentwicklung zu blockieren, sollte den Menschen zur verantwortlichen Gestaltung und Formung des Leidens herausfordern und anspornen. Der Mensch soll einerseits das Leid, das er tragen *muß*, mutig, aufrichtig und würdebewußt tragen, bis er es überwunden hat. Andererseits wache er zur hell-lichten Erkenntnis auf, daß nur die Art und Weise, *wie* er das Leid erträgt, ihn fördern und ihm zur *Läuterung* werden kann. Das Leid hat allerdings die Tendenz, uns glaubhaft zu machen, daß es „ewig" dauert, doch das ist eine *Lüge*.

Die Lebensgeschichte und die Logotherapie Viktor Frankls lehren und zeigen, daß das Leiden *als nicht selbst verschuldetes* Leiden dem Menschen nur dargeboten wird, damit es durch ihn „*Entwertung*" finde, damit es durch den einzelnen Menschen in eine *Leistung* verwandelt werde: in eine Leistung, die letzten Endes darin besteht, daß *Formen der unvergänglichen Werte* in dieser Welt entstehen. Wie viele musikalische Formen des ewig Schönen sind noch bei und durch *Beethoven* entstanden, obwohl er während der letzten 12 Jahren seines Lebens *physisch* völlig taub war? Welch eine unerschöpfliche Kraftquelle ist in dieser Welt dadurch entstanden, daß ein Mann, der hohe Meister aus Nazareth, in der qualvollen Stunde seines Todes sich zu den erlösenden Worten durchringen konnte: „*Vater, vergib ihnen, denn sie wissen nicht, was sie tun!*" (Evangelium nach Lukas 24, 34). Es ist mehr als nur Symbol, daß auch er, der so gesprochen – weil er bis zuletzt geliebt – hat, den Aus-Weg nach oben bzw. nach innen gesucht und gefunden hat. Bedenkt man das Gesagte, versteht man plötzlich, wenn Viktor E. Frankl von der vierfachen Bedeutung des Leidens spricht: Leiden sei geistige Leistung, Grund menschlichen Wachstums, Anlaß zur menschlichen Reifung, und es bietet die Chance, zur ungeahnten Bereicherung.

Bevor ich die vierfache Bedeutung des Leidens nach Viktor E. Frankl darlege, sollen noch einige Bemerkungen dazwischengeschaltet werden.

Eine sinnorientierte Therapie für jene Personen, die wegen eines *Wertverlustes* leiden, wird sich auf das Thema Wert und Werte konzentrieren, (also auf die Gründe der existentiellen Sinnfrustration), genaugenommen auf die Frage, *wie* sie sich zu diesem oder jenem *Wertverlust einstellen*. Man muß sich mit den Gründen des Leidens beschäftigen, die allesamt – beim unveränderbaren Leid – in irgendeinem Wertverlust zu suchen sind: Zum Beispiel darin, daß ein geliebter Mensch gestorben, oder daß das bisherige Welt- und Menschenbild zusammengebrochen ist – durch Scheidung, im Zuge der Korruption in der Politik oder durch Verlust des religiösen Glaubens. Oder für einen alleinstehenden Mann, der nur für seinen sportlichen Körper gelebt hat und nach einem Unfall die sportliche Tätigkeit aufgeben muß, wird es zur unausweichlichen Notwendigkeit, *andere* Werte zu entdecken.

Es gilt, diesen Menschen nahezubringen, „daß sie durch die Art und Weise, *wie* sie sich zu diesem Wertverlust innerlich einstellen, *wie* sie ihn aushalten und akzeptieren, wiederum *neue* Werte in ihr Leben hineinschaffen können – Werte, die den erlittenen Wertverlust auf einer ‚höheren Ebene' ausgleichen."[50] Man kann hadern und klagen, und u.U. ist es, vorübergehend, notwendig. Wir tun es auch. Wir klagen und hadern. Man kann aber auch lernen, – irgendwann und mit der Zeit kann man es lernen, – in Würde sein Leiden auf sich zu nehmen, es tapfer zu ertragen und im Vertrauen des Herzens, *im Vertrauen auf die unbedingte Sinnhaftigkeit dieses Lebens* nach *neuen* Werten in seinem Leben Ausschau zu halten.

Ein Fallbeispiel, das mir durch Frau Dr. med. Ruth *Sandmann-Strupp* zur Verfügung gestellt wurde, zeigt eindringlich, wie in einer schweren menschlichen Situation die Suche nach dem Aus-Weg mit Hilfe der Logotherapie gelingen kann. Herr P. ist 48 Jahre alt, vom Beruf Beamter einer staatlichen Behörde. Mit 46 Jahren erkrankte er. Eine Knochenmarkttransplantation wurde notwendig. Die neurologischen Konsequenzen waren schwerwie-

---

[50] E. Lukas, Lehrbuch der Logotherapie, München: Profil Verlag 1998, S. 155.

gend: kognitive Defizite – Störungen des Kurzzeit- und des Arbeitsgedächtnisses, – und psychomotorische Verlangsamung traten auf. Herr P. lebt mit seiner langjährigen Freundin in einer sehr liebevollen Beziehung. Er ist geschieden, das Verhältnis zu seiner früheren Frau ist freundschaftlich, der Kontakt zu den beiden Kindern (12 und 14) zufriedenstellend. Auch in seinem Beruf ist Herr P. ein geschätzter Mann, seine Behörde möchte ihm behutsam den beruflichen Wiedereinstieg ermöglichen.

Nach der medizinisch-neurologischen Behandlung begann die eigentliche therapeutisch – genauer: die logotherapeutische – Unterstützung.

Erstens wurde mit Herrn P. die Angst vor dem beruflichen Wiedereinstieg besprochen. Die ausgeprägten Gedächtnisstörungen seien eine Realangst, der am ehesten durch Training der Gedächtnisfunktion zu begegnen ist. Das klappte auch nach einem Training von mehreren Monaten.

Zweitens wurde mit Herrn P. die Möglichkeit analysiert, wie er seine Leidenschaft als Hobbykoch weiterhin realisieren kann. Er hat nämlich, im Zuge seiner Krankheit, den Geruchssinn verloren. Die Freude am Kochen und Essen ist ihm dadurch genommen worden, obwohl Freundin und Bekannte versicherten ihm, das Essen schmecke genauso gut wie früher, aber er selbst kann es nicht mehr wahrnehmen. Hier hilft Herrn P. der Rat eines ebenfalls Betroffenen: Dessen Frau richtet die Speisen optisch besonders ansprechend her, was ihm den Geschmack teilweise ersetzen kann, – er ißt mit den Augen.

Das eigentliche Problem, drittens, bestand darin, daß Herr P. unter plötzlichen depressiven Einbrüchen gelitten hat, die ihn oft zu Hause und am Wochenende ereilten. Er grübele dann, müsse scheinbar grundlos weinen, versinke in bodenloser Traurigkeit und Verzweiflung. Der Ärztin zufolge besteht sicher eine hirnorganisch mitbedingte Affektinkontinenz, die aber keineswegs im Vordergrund steht. Für Herrn P. selbst sind diese Einbrüche quälend und völlig unerklärlich, er befürchtet außerdem, daß seine Freundin sehr darunter leide, zumal diese Zustände gerade dann aufträten, wenn er zu Hause sei, sie eigentlich Zeit füreinander hätten und „eine gute Zeit haben könnten". Herr P. äußert öfters: er habe „immer auf der Sonnenseite gelebt", er sei „für sein besonders gutes Gedächtnis in der ganzen Dienststelle bekannt gewesen", habe sich sogar „Aktenzeichen merken können". Die logotherapeutisch gebildete Ärztin erklärt nun Herrn P.: Er habe tatsächlich „Glück im Unglück" gehabt, denn er hat sofort einen Knochenmarktspender gefunden, die Transplantation überlebt, das Maximalprogramm der modernen Medizin erhalten. Wie Frau Dr. Sandmann-Strupp berichtet:

„Entgegen früheren Therapieversuchen durch andere Therapeuten, die sein Grübeln wohl als Undank empfanden, habe ich Herrn P. ‚erlaubt' traurig zu sein, denn neben den glücklichen Fügungen bestehe doch ein großer Verlust. Er soll daher die traurigen Stunden so nehmen wie schlechtes Wetter – es kommt gegen seinen Willen und ohne ‚Grund', es ist *ein* Teil der Wirklichkeit, man muß es ertragen und an sich vorüberziehen lassen. Er soll sich aber nicht ans Fenster stellen und in den Regen hinaus starren, sondern etwas tun, was man eben auch oder besonders gut bei schlechtem Wetter tun kann. Der Gedanke, gegen die ‚Abstürze' nicht ankämpfen zu müssen, sondern sie wie einen Regenschauer über sich ergehen zu lassen, entlastet Herrn P. unmittelbar. Er berichtet später: Er habe das Bild mit dem Gewitter gut umsetzen können.

Tief im Inneren ist aber Herr P. in seinem Lebensgefühl erschüttert worden. Auch wenn er vorgibt, sich nie mit metaphysischen, philosophischen oder gar religiösen Fragen auseinanderzusetzen, so treibt ihn doch unablässig der Gedanke um, daß sein Vorgänger am Arbeitsplatz ebenfalls in jungen Jahren an Krebs erkrankt und daran gestorben sei. Nur sehr zögerlich ist er bereit, seine Gedanken deutlicher in Worte zu fassen, von einem ‚Fluch' zu sprechen. Auf die Frage, wer denn diesen ‚Fluch' ausgesprochen habe und ob dieser denn, wenn es so wäre, durch sein Überleben gebrochen wäre, vermag er sich nicht zu äußern. Er betont immer wieder, er wolle nicht ‚Spielball eines blinden Zufalls' sein, er möchte sein scheinbar völlig selbstbestimmtes Leben auf der Sonnenseite wieder aufnehmen und am liebsten die ganze Leidensgeschichte auslöschen und vergessen. Da er selbst zugibt, dies werde ihm wohl kaum gelingen, versuche ich, mit einem weiteren Bild den Geschenkcharakter des Lebens darzustellen. Ich zeige ihm, wo seine *Freiräume* sind, wo *er* handeln kann und wo er akzeptieren muß, was von außen – vom Schicksal – vorgegeben wird. Ich habe das Bild vom *weihnachtlichen Gabentisch* gewählt, auf dem Herr P. immer vorgefunden hat, was er sich wünschte. Unter anderem lag da ein besonders *gutes Gedächtnis*, was im übrigen ein großes Glück sei, denn von diesem übergroßen Vorrat könne er jetzt noch immer zehren. Dies ist Herrn P. sehr wichtig und wird sofort in sein Notizbuch aufgenommen. Es liegen da auch keineswegs selbstverständliche *46 Jahre Sonnenseite*, die ihm helfen können, auch einmal ein dunkles Tal zu durchschreiten in der Gewißheit, daß die Sonne da oben scheint. Auch dieser Gedanke kommt sofort in sein Notizbuch. In dem Päckchen mit der ersten Ehe war nicht ganz das Erwünschte, aber es hat sich zum Guten gewendet: er hat *die beiden Kinder* geschenkt bekommen und er hat einen guten Kontakt zu ihnen. Er fand in einem anderen Päckchen die *Begegnung mit seiner jetzigen Freundin*: auch ein ‚Zu-Fall'. Ein weiteres enthielt das Talent, *ein guter Koch* zu sein. Nun aber passiert etwas Tragisches: Der Christbaum fällt um und der Gabentisch fängt Feuer. Ein Teil der Geschenke verbrennt, Leib und Leben sind in Gefahr. Was aber passiert nun? Läuft die Freundin entsetzt davon? Nein. Hört niemand seine Hilferufe? Doch. Brennt die ganze Wohnung ab? Keineswegs. Die Freundin bleibt und hilft ihm löschen, von allen Seiten kommen Helfer herbei, schließlich bekommt er noch Unterstützung beim Saubermachen und Aufräumen der Brandstätte (in der ärztlichen Praxis). Freilich, seine Geschenke sind teilweise kaputt: der Geruchssinn wird sich vermutlich nicht erholen, das Gedächtnis nur begrenzt. Aber nicht nur die Freundschaft blieb heil, auch den *46 Jahren Sonnenseite* hat das Feuer nichts anhaben können, denn Herr P. darf weitere Weihnachtsfeste feiern, bekommt neue Geschenke, an denen er sich erfreuen soll. Irgendwann hat er auch den Mut, wieder Kerzen anzuzünden, die Tatsache zu akzeptieren, daß es Glück und Unheil gibt, und daß sie manchmal zusammen kommen. Auch dieses Bild greift Herr P. fast ‚gierig' auf.

Nach sechs Wochen Pause erfolgen zwei weitere Gespräche. Herr P. berichtet nicht mehr über depressive Einbrüche, auch die Frage nach der Ursache seiner Erkrankung beschäftigt ihn kaum noch. Statt dessen ist Herr P. voller Zukunftspläne: Er werde in wenigen

Wochen zunächst für zwei Stunden täglich an seine Arbeitsstelle zurückkehren und dort bei der Umstellung auf Computer mitarbeiten. Er ist sehr froh darüber, in der Praxis viel am Computer geübt zu haben. Er plane mit seiner Freundin noch ein Kind (vor der Knochenmarkttransplantation wurde Sperma entnommen und eingefroren). Beide planen, daß er, da seine Freundin mehr verdient und bessere Beförderungschancen hat, einen Großteil des Erziehungsurlaubes nimmt, womit beide sehr zufrieden wären. Die verbleibenden Gedächtnisstörungen kann Herr P. inzwischen besser akzeptieren bzw. weiß, sie mit Hilfsmitteln einigermaßen zu kaschieren. Insgesamt richtet er seinen Blick jetzt nicht mehr auf seine objektiven Verluste bzw. Defizite, sondern auf den heilen Rest: auf die Möglichkeiten, die ihm die Zukunft bietet. Herr P. sucht nun bewußt nach dem **Aus-Weg**, der schon in Sicht ist.

Ich bespreche mit ihm: die Therapie sei nun beendet, er müsse von nun an seine Tage selbst strukturieren und ausfüllen, was er auch verspricht. Er habe schon Kontakt zu seinen Kollegen gesucht, er wolle alte Urlaubsphotos sortieren und einkleben und seiner Freundin kleine Überraschungen bereiten."

So weit das von Frau Dr. med. Ruth Sandmann-Strupp beschriebene Beispiel aus dem Leben.

Gewiß, die Frage, wer Herrn P. die Geschenke auf den Gabentisch gelegt hat, wurde nicht mehr explizit gestellt. Die metaphysische Problematik, – der mögliche Sinn des Unglücks, – wurde nicht mehr ausdrücklich erörtert. Aber das Streben nach der Gestaltung des *Noch-Werdbaren* ist in Gang gekommen. Und darauf kommt es an. An dieser Stelle sei noch ein Beispiel nacherzählt.

Nach einem Seminar über Trauer und Tod sprach mich eine Mutter an. Sie habe drei Kinder, jetzt leben nur noch zwei, denn der dreijährige Jonas wurde vom Zug überfahren – erzählte mir die 37jährige Johanna. Es sei ein Unfall, ein Schicksalsschlag, eine „ungeheuere Glaubensprobe" gewesen. Sie habe sich gefragt, wieso und warum „Gott so etwas zuläßt". Sie habe sich Wochen mit dem Suizidgedanken beschäftigt, „aber die Liebe meines Mannes und das Bewußtsein, daß ich noch für zwei Kinder verantwortlich bin, haben mich gerettet" – sagte sie.

Diese tapfere Frau fand in der *Liebe* ihres Mannes und im eigenen Bewußtsein der *Verantwortung für* ihre zwei Kinder die Kraftquelle, ihr eigenes Leben nicht hinzuschmeißen. Sie nannte allerdings noch einen dritten „Trostgrund". Sie sagte: „Wenn ich nicht glauben würde, daß Jonas *bei* Gott ist und ich ihn irgendwann wiedersehen werde, hätte ich Schluß gemacht mit diesem Leben."
Ich habe ihr gut zugehört, als sie mir ihr schreckliches Leid erzählte. Zum Glück hat sie mich nicht gefragt, ob ich eine befriedigende Antwort auf die Frage – warum das *gerade ihr* hat passieren müssen – wüßte. Ich hätte ihr *nicht* antworten können. Nur versucht habe ich, mich in ihre seelische Situation hineinzufühlen. Hätte *ich* solch einen Schicksalsschlag so tapfer ertragen können? Hätte *ich* Trostquellen gefunden, wäre *mir* so etwas widerfahren? Hätte *ich* weiterleben können, wäre meinem Kind so ein schreckliches Schicksal widerfahren? ... Es ist nämlich *eine* Sache zu hören, daß das Kind eines *anderen* Menschen verunglückt ist, und es ist eine *ganz andere* Sache zu erfahren und zu erleiden, daß das *eigene* Kind gestorben ist ...
Als ich mit der Mutter sprach, lag das schreckliche Ereignis ein Jahr zurück. Während sie erzählte, weinte sie, aber sie wirkte dennoch sehr gefaßt, sehr tapfer. Ich reichte ihr meine Hand und sagte nur leise: „Ich glaube mit Ihnen, daß Jonas bei Gott für immer aufgehoben ist und daß Sie Ihr Kind wiedersehen, wenn Ihre Zeit kommt."
Seit Tausenden von Jahren passieren auf dieser Erde furchtbare Unfälle, denen zufolge Menschen, auch kleine, unschuldige Kinder, zu früh dieses irdische Leben verlassen. Ein Beispiel:
Was spricht des Menschen Geist überhaupt nach jenem grauenvollen Tag des Monats Juni 2000, als ein stilles sechsjähriges Schulkind von einem rasenden Kampfhund in Hamburg – vor den Augen seiner Schulkameraden und mitten auf dem Schulgelände – zerrissen wurde? Kann der Mensch seine Empörung zurückhalten? Wem gegenüber ist er, mit Recht, empört? Fragen auf Fragen. Das sind brutale, sehr brutale Fragen. Es ist menschlich, sehr menschlich, in dieser Art zu fragen. Aber die Mutter und der Vater des sechsjährigen Buben müssen weiterleben – hier auf dieser Erde. Die jüdischen Mitbürger in unserem Lande und woanders *mußten* weiterleben, nachdem sie ihre Geliebten in den Konzent-

rationslagern verloren und sie, wie durch ein Wunder, überlebt haben. Wie sich das eigentlich anfühlt und wie das ist, kann nur ein *Zeuge* beschreiben. Hier ein Auszug aus dem Bericht eines Mannes, der vier Konzentrationslagern überlebt hat:

„Während wir kilometerweit dahinstolpern, im Schnee waten oder auf vereisten Stellen ausgleiten, (...) fällt kein Wort mehr, aber wir wissen in dieser Stunde: jeder von uns denkt jetzt nur an seine Frau. (...) Auch mein Geist ist jetzt erfüllt von der Gestalt, die er in jener unheimlich regen Phantasie festhält, die ich früher, im normalen Leben, nie gekannt hatte. Ich führe Gespräche mit meiner Frau. Ich höre sie antworten, ich sehe sie lächeln, ich sehe ihren fordernden und ermutigenden Blick, und – leibhaftig oder nicht – ihr Blick *leuchtet* jetzt mehr als die Sonne, die soeben aufgeht. Da durchzuckt mich ein Gedanke:

Das erstemal in meinem Leben erfahre ich die *Wahrheit* dessen, was so viele Denker als der Weisheit letzten Schluß aus ihrem Leben herausgestellt und was so viele Dichter besungen haben; die Wahrheit, *daß Liebe irgendwie das Letzte und das Höchste ist, zu dem sich menschliches Dasein aufzuschwingen vermag.* Ich erfasse jetzt den *Sinn* des Letzten und Äußersten, was menschliches Dichten und Denken und – Glauben auszusagen hat: *die Erlösung durch die Liebe und in der Liebe!* Ich erfasse, daß der Mensch, wenn ihm nichts mehr bleibt auf dieser Welt, selig werden kann – und sei es auch nur für Augenblicke –, *im Innersten hingegeben an das Bild des geliebten Menschen.*

In der denkbar tristesten äußeren Situation, in eine Lage hineingestellt, in der er sich nicht verwirklichen kann durch ein Leisten, in einer Situation, in der seine einzige Leistung in einem rechten Leiden – in einem *aufrechten Leiden* bestehen kann, in solcher Situation vermag der Mensch, im liebenden Schauen, in der *Kontemplation des geistigen Bildes,* das er vom geliebten Menschen in sich trägt, sich zu erfüllen. Das erstemal in meinem Leben bin ich imstande zu begreifen, was gemeint ist, wenn gesagt wird: die Engel sind selig im endlos liebenden Schauen einer unendlichen Herrlichkeit ..."[51]

---

[51] Viktor Emil Frankl, **...trotzdem Ja zum Leben sagen.** Ein Psychologe erlebt das Konzentrationslager, München: Deutscher Taschenbuch Verlag 1987, S. 65f. Die 18.

Wovon reden diese Zeilen eines Zeugen? Zweimal hintereinander wird, wie ein Hauptthema in der klassischen Musik, wiederholt: „Das erstemal in meinem Leben erfahre ich die Wahrheit dessen, ..." Und: „Das erstemal in meinem Leben bin ich imstande zu begreifen, was gemeint ist, wenn ..."
Leiden als *Erkenntnisweg* der Tiefen- und der Höhendimension des Daseins und des Seins überhaupt?
Der Mensch lernt es meistens nach einer gehörigen Portion Leiden, daß er nach einen *Aus-Weg* suchen *muß*. Darüber, daß das Leben unter allen Bedingungen einen Sinn behält, sollte ein Mensch öfters *meditieren*.
Seine Gedanken ganz auf *eine* Aufgabe, auf *ein* Thema, auf *ein* zentrales Wort, auf die eigene lebensthematische Mitte zu bannen, ist in der Tat jener notwendige Kraftakt, der *Not wendet*. Manche leidende und suchende Menschen wurden in ihrem Leid dadurch gefördert, daß sie irgendwann gemerkt haben: in höherer Richtung ist ein **Aus-Weg** zu suchen, wenn alle anderen, horizontalen Wege nicht mehr gangbar sind. Es gilt: *Wenn alle Wege verstellt sind, findet man endlich den nach oben.*[52] Merkwürdigerweise wird der Blick für den Weg nach oben erst nach einer Menge Leid frei. Vorher scheinen wir befangen, verhaftet, und wie verblendet zu sein. Noch ein Beispiel aus dem heutigen Leben soll zitiert werden.

Eine Frau, Mitte fünfzig, hat zu ihrem Leid folgendes geschrieben: „Anfang März 2000 hat mir mein Mann mitgeteilt, daß er sich wegen seiner neuen Verbindung zu einer *anderen Frau* von mir trennen möchte. Nach einem Zusammenleben von 24 Jahren auseinanderzugehen? Seine Nachricht hat mich einerseits sehr betroffen gemacht, andererseits war ich auch erleichtert, daß unsere schwere schmerzhafte Beziehungskrise (seit Ende 1996), in der ich intensive Versuche unternommen habe, unsere Ehe zu retten, damit endlich beendet wird." Nachdem sie einen Rückblick auf

---

Auflage dieses in 24 Sprachen übersetzen Lebensdokuments erschien 1999 ebenfalls beim DTV-Verlag.
[52] Vgl. Dr. med. Erich Rauch, Spiritualität und höhere Heilung. Esoterische Praxis im Alltag, Heidelberg: Hauch Verlag 1998, S. 133f.

ihren Lebensweg geworfen hat, erwähnt sie u.a.: „Es drängt sich mir der Gedanke auf, daß diese Trennung von einer unsichtbaren Hand geleitet wird. (...) Während unserer schmerzhaften Krise kam es mir häufig so vor, als ob ich in der Einsamkeit einer Wüste verdursten und verhungern müßte. Verzweifelt habe ich meinen Weg gesucht. Aber es kamen immer wieder Sandstürme, und ich verlor den Überblick.

Doch immer sind *drei Sterne* für mich am Himmel gestanden, die freundlich auf mich herunter schauten und mir Trost und Zuversicht gespendet haben: *Der Glaube an Christus, Zen-Meditation* und die *Logotherapie von Viktor E. Frankl.* (...)

In *Zen* habe ich gelernt, meine Gefühle loszulassen, mich von meinen eigenen Wunden und Verletzungen zu distanzieren und mich mit allem zu versöhnen, vor allem mit mir selbst. Ich habe versucht, die negativen Energien wie Wut, Aggression oder Rachegedanken durch konsequente *Selbstdisziplin* beim Üben des Zazen in positive Kraft zu verwandeln."

Wut, Aggression, Rachegedanken, ... außerdem Neid, Eifersucht, Haß, Angst und Verzweiflung – das alles sind vielfach die *wahren Ursachen* des Leidens. Hinzu kommt: die (gewollte?) Unfähigkeit, – oder Nichtbereitschaft, – die Vergangenheit *ruhen* zu *lassen*, zu verzeihen (auch sich selbst), mit den inneren Vorwürfen aufzuhören und *neu* anzufangen.

Die Zen-Meditation wurde für die vorhin zitierte Frau ein Weg nach oben und nach innen. Der Ausdruck „nach oben" heißt hier nicht eine kosmische Fahrt auf einen anderen Planeten, sondern der Anfang dieses Weges nach oben ist die gefühlte Erkenntnis, daß des Menschen *irdische Erscheinungform* noch nicht der ganze, reine Mensch des Geistes ist, aber sie ist die Pforte der Erlösung. Den *Geistesmenschen* können wir nur *in uns selbst*: – im Innersten des Inneren entdecken. Wie zutreffend ist es, wenn man Bô Yin Râ lesend, auf den Satz stößt: „Vor allem mußt du damit beginnen, wenn du ‚Ich' zu dir selber sagst, *nicht* mehr nur *das feinere Tier*, sondern *den ewigen* ‚Menschen' zu rufen!"[53] Hast du *ihn* endeckt, „wirst du dich selbst nicht mehr *verachten* können,

---

[53] Bô Yin Râ, Das Buch vom Menschen, Bern: Kober Verlag 1992, S. 39. (4. Aufl.)

denn du erfühlst, daß *nichts* an dir verächtlich ist, als das, was *du selbst* dir verächtlich *machst* durch *irrige Deutung!*"[54]

Und Viktor Frankl beschreibt zwei wirksame Methoden, die der Bewußtwerdung seiner Verantwortung *im höheren Selbst* dienen können.

Man stelle sich vor, so Frankl, daß man an seinem Lebensabend in seiner eigenen Biographie blättern und eben jenes Kapitel aufschlagen würde, das den jeweils gegenwärtigen Lebensabschnitt behandelt. Man stelle sich weiterhin vor, es wäre möglich zu entscheiden, was das nächste Kapitel bringen soll, es wäre möglich – sozusagen – „Korrekturen" anzubringen. So könnte dem Menschen folgende existenzanalytische Maxime zum Bewußtsein kommen:

„Lebe so, als ob du zum zweiten Mal lebtest und das erste Mal alles so falsch gemacht hättest, wie du es zu machen im Begriffe bist."[55] – Die ganze Größe der Verantwortung für die nächsten Stunden und Tage könnte in dieser Form *fühlend bewußt* gemacht werden. Auch eine zweite Übung fördert die Bewußtwerdung in seinem höheren Selbst.

Man stelle sich sein Leben vor, „als ob es ein Film wäre, der gerade ‚gedreht' wird, aber nicht ‚geschnitten' werden darf; daß heißt, daß nichts von dem, was einmal ‚aufgenommen' wurde jemals rückgängig gemacht werden kann. Auch so wird das eine oder andere Mal gelingen, den *irreversiblen* Charakter des menschlichen Lebens, die Geschichtlichkeit des Daseins sehen zu lassen."[56] Und nicht nur das. Es könnte einem dabei aufgehen, daß er gerade *unnötiges Leid vermehrt*, wenn er den nächsten Schritt tut: zum Beispiel dadurch, daß er den anderen Elternteil aus Angst und Eifersucht im Umgang mit dem gemeinsamen Kind ausschließt. Es könnte aber einem auch klar werden: „Wenn ich jetzt einlenke, und den sinnvollen Kompromiß suche, dann tue ich mir selbst, meinem Kind und meinem Ex-Mann/meiner Ex-Frau langfristig Gutes."

---

[54] Ebd., S. 15f.
[55] V. Frankl, Ärztliche Seelsorge, Frankfurt/Main 1987, S. 109.
[56] Ebd., S. 110.

Wir wissen nicht, wie lange wir auf Erden leben: *Mors certa, hora incerta*, sagten die Lateiner. Das bedeutet: Der Tod ist gewiß, seine Stunde ungewiß. Wie *lange* ein menschliches Leben dauert, und wie lange noch ein Mensch Zeit hat, um das Sinnvolle zu bewirken und das selbstgeschaffene Leid zu mildern, ist ungewiß. Der Mensch weiß nicht, wann er oder der andere, mit dem er zerstritten ist, „abberufen" wird. So ist er durch die begrenzte Zeit, die er zur Verfügung hat, gezwungen, die Vollendung des *Kunstwerks*, das er ist, voranzutreiben. Er ist im gewissen Sinn gezwungen, den Zustand der Zerrissenheit mit seinem Mitmenschen durch *Versöhnung* zu beenden. „Daß er es [sein Leben als Kunstwerk] oft nicht vollenden kann, macht es noch lange nicht wertlos. Der Fragmentcharakter des Lebens tut dem Sinn des Lebens keinen Abbruch" – sagt Frankl und folgert daraus die zweite existenzanalytische Maxime:

„*Nie können wir aus der Länge eines Menschenlebens auf seine Sinnfülle schließen.*"[57] Denn, so heißt es weiter: „Entweder das Leben hat einen Sinn, dann behält es ihn auch unabhängig davon, ob es lang oder kurz ist, ob es sich fortpflanzt oder nicht; oder das Leben hat keinen Sinn, dann erhält es auch keinen, wenn es noch so lange dauert oder sich unbegrenzt fortpflanzen könnte."[58] Frankl schließt seine Reflexion mit dem Satz: „Das Leben *transzendiert* sich selbst nicht in die ‚Länge' – im Sinne seiner eigenen Fortpflanzung – sondern ‚in die Höhe' – indem es einen Sinn intendiert."[59]

Und in bezug auf die Fähigkeit, Schmerz und Leiden zu gestalten, heißt es:

„Die Leidensfähigkeit jedoch muß sich der Mensch erst *erwerben*; er muß sie sich erst erleiden" (Frankl). Wir kommen nicht darum herum, die Leidensfähigkeit so zu erwerben, daß wir lernen, das Leiden zu *ertragen* und zu *verwandeln*. Dieser mühsame Lernprozeß beginnt jetzt, in dieser Stunde und da, wo ich stehe: im aktuellen Kontext meines Lebens. Wichtig: Man gehe *sogleich* ans Werk und raste nicht eher, als bis das Rohe seine rechte *Form*

---

[57] Ebd., S. 111.
[58] Ebd., S. 112.
[59] Ebd., S. 113.

erhielt![60] Der Logotherapie zufolge *kann* jedes menschliche Leiden einen Sinn hergeben, wenn der Mensch die tapfere und würdige innere *Einstellung* dazu findet. Den möglichen Sinn eines Leidens herauszufinden, den konkreten Sinn eines konkreten Leidens in einen *größeren Sinnzusammenhang* einzuordnen, ist freilich eine hohe Kunst der geistigen Gestaltung des Lebens. Es kann aber auch sein, daß Menschen die Chance, selbstverursachtes Leid zu lindern, *verpassen*. Es kann geschehen, – und wer würde solche Geschichten nicht kennen? –, daß Menschen nicht dasjenige Gute tun, das sie noch *hätten tun können*, sondern das Gegenteil dessen. Ich glaube, daß die Isolation und die Einsamkeit dieser Menschen die Grenze des Unerträglichen berührt. Ist es nicht unerträglich, wenn jemand feststellt, er könne nicht mehr *lieben*? Und doch sage ich: lasse man sich nicht täuschen! Der unerträglich scheinende Schmerz will nur jene *Wahrheit* offenbaren, die sich hinter dem Leid verbirgt. Das Leid will dich lehren: Mensch, der du dich selbst schon so lange verachtest, wach' auf und suche den **Aus-Weg**! Suche unermüdlich den Aus-Weg! Blicke empor – über dich und über dein Ego hinaus, denn dein Leben *verlangt* etwas von dir! Du bist *der Befragte* und nicht der Fragende. Du kannst noch, so lange du Zeit auf Erden hast, etwas verändern – zumindest deine eigene, innere Einstellung!
Es gibt natürlich Erfahrungen, die wir am liebsten niemals hätten machen wollen und nicht machen würden. Aber manche schicksalhafte Ereignisse kommen wie eine Widerfahrnis, sie zwingen uns zum Nachdenken und zum *Neuordnen von Werten*. Stellt sich der Mensch der Wahrheit solcher Erfahrungen, dann beginnt er in eine neue, *höhere Bewußtseinsdimension* hineinzukommen. Er akzeptiert, daß er diese oder jene Erfahrung nicht mehr missen möchte, obwohl er sie nicht ausdrücklich suchen würde. Er kann sogar *dankbar* sein, daß er durch die eine oder andere Erfahrung etwas Wesentliches *dazu*gelernt hat, was er sonst vielleicht nie hätte lernen können.

---

[60] Vgl. Bô Yin Râ, Geist und Form, Bern: Kober Verlag 1981, S. 58. (3. Aufl.)

10. Die rechte Einstellung zum Leid fördert den Menschen!

Vorhin war kurz von der vierfachen Bedeutung des Leidens nach der Lebenslehre und therapeutischen Praxis des Wiener Psychiaters und Arztphilosophen Viktor E. Frankl die Rede. Ich komme darauf zurück.[61]
In der Franklschen Sicht **hat das Leiden vierfache Bedeutung:** es ist geistige Leistung, Grund menschlichen Wachstums, Grund menschlicher Reifung und schließlich grundlegende Bereicherung. Betrachten wir jeden einzelnen Punkt.

(1) *Leiden ist geistige Leistung.* In der geistigen, in der eigentlich menschlichen Dimension, da, wo der Mensch über Bedingungen und Bedingtheiten hinausgehende Freiheit und Verantwortlichkeit erfährt, da wo er in seiner letzten Einsamkeit noch einmal mit der Sinnfrage konfrontiert wird und das heißt: Durch innere Stellungnahme und durch Selbstdistanzierung kann ein Mensch sein nicht veränderbares Schicksal bewältigen. Das Schicksal selbst bleibt *äußerlich* unverändert: die Behinderung läßt sich nicht beheben, der Tod eines geliebten Menschen läßt sich nicht rückgängig machen, die Krankheit kann man medizinisch nicht heilen usw.
Was sich verändern läßt, ist die *innere Einstellung* dazu. Die innere Wandlung, die Herausbildung einer *neuen* Sichtweise ist alles andere, als leicht. Ob wir das äußerlich unveränderbare Schicksal in ständiger Auflehnung und Verzweiflung oder geduldig und gelassen ertragen, das liegt in unserer Macht. *Ich* entscheide mich dafür, ob ich so oder anders Stellung nehme. Auch wenn ich äußerlich gesehen der Besiegte bin, bin ich im existentiellen Sinne des Wortes der wahre Held dieses Lebens, vorausgesetzt, daß ich mich zuversichtlich mit meiner (unveränderbaren!) Krankheit bzw. mit meinem Schicksal *aussöhne.* Letztlich läuft es auf eine Versöhnung mit sich selbst hinaus, – eine Versöhnung, die *das Ganze* des *eigenen* Lebens umfaßt.
Natürlich ist jedes Leiden individuell unterschiedlich und jeder muß damit persönlich, auf *seine Art* fertig werden. Dennoch: Ein

---

[61] Vgl. V. Frankl, Der leidende Mensch, München: Piper Verlag 1990, S. 322f.

jeder *kann* sein Leiden transformieren – in eine geistige Leistung. Das Wort „Leistung" darf hier nicht mißverstanden werden. Es bedeutet in diesem Zusammenhang: das Ergebnis einer Anstrengung, eine Tat, die zum Gelingen führt. Die geistige Leistung bedeutet, daß ein Mensch sich von seinem Leid distanziert, seinen Blick auf andere, noch lebbare Möglichkeiten richtet, seinen *Eigen-Sinn* im und trotz Leiden entdeckt, und darauf hinschaut, was nicht mit dem eigenen Schmerz zu tun hat. Somit hat er sich von sich selbst: – von den Täuschungen seines *Egos* – distanziert. Wer hindert mich, *die Weite* zu suchen, wenn mein Psychophysikum leidet?

Ich habe vorhin Johanna erwähnt: die Frau, die ihr dreijähriges Kind verloren hat. Ihre Geschichte hat mich noch Wochen beschäftigt. Aus einem Mitgefühl heraus wollte ich ihr unbedingt etwas Tröstliches zukommen lassen und fand tatsächlich einen krafterfüllten Text, den ich kopiert und ihr zugeschickt habe. Darin heißt es:

„Echte, tiefe Empfindung ist sich sehr wohl bewußt, daß dieses Leidgefühl nach dem Heimgang eines geliebten Menschen *uns selber* gilt und nicht etwa ihm. Wir aber haben allen Grund zur Trauer, denn in der Daseinssphäre, die gegenwärtig der Schauplatz unseres Selbstempfindens ist, fehlt plötzlich ein warmes Licht, an dessen Strahlen wir uns wieder beglücken konnten – einer Stimme Klang ist verhallt, die wir immer noch zu hören meinen, ein Wesen ist ungreifbar geworden, dessen Berührungen uns wohlgetan hatten – kurz, es ist tatsächlich etwas aus unserem geistigen bewußten Leben hinausgegangen, das allmählich sich mit unserem Fühlen so vereinigt erwiesen hatte, als könne es auch *nur* mit diesem Fühlen für uns entschwinden. Nun steht das Fühlen *allein* da. Aber es ist auch so, daß jedes neue Erleben dieses Zustandes von allen früheren Erleben verschieden ist und stets *neue* Kräfte dadurch ans Licht gebracht werden. Je weniger wir uns in solchen Zeiten der Trauer und Wehmut zu erwehren suchen, je tiefer und intensiver wir alles das in uns empfinden, was gerade in solchen Zeiten in uns auftaucht, desto mehr geistige Kraftvermehrung wird uns geschenkt, desto tiefer, sicherer und echter ist auch nachher der Trost, der uns aufrichtet ...

Auch sehen wir uns selten so klar und losgelöst von innen her, als wenn wir alles auftauchen sehen, was uns mit einem nun entschwundenen geliebten Menschen einst verband ...
Wie groß und verklärt steht dann auch jedes gute Wort vor uns, durch das wir dem Entschwundenen einst auch nur ein frohes Lächeln gaben. Wir lernen werten in solcher Trauer! Wir wachsen durch die Fähigkeit, nun selbst die Dinge so zu sehen, wie wir sie sehen würden, wären wir selbst schon diesen Weg gegangen, den jene, die wir unserthalben betrauern, vor uns gingen. Es wird sich gerade aus der Intensität des Fühlens um so stärker auch das Bewußtsein einstellen, daß ein geistiges Band existiert, durch das die im reinen Geiste Lebenden uns Irdischen nahe sind wie unser eigenes Geistiges, ja, daß sie in und mit uns das erleben, was ihnen ihrer Geistgestaltung nach entrückt sein müßte, hätten sie uns nicht ...
Die Menschen stellen sich im allgemeinen das Weiterleben ihrer Lieben in einer Form vor, die ... irreführende Kritik erweckt. Die geistige Wirklichkeit ist aber viel natürlicher, denn sie gründet sich auf das unvergleichlich innigere Zusammenleben der *seelischen* Aufnahmeorgane. So ist in Wahrheit der Heimgegangene Euch jetzt viel näher, als er jemals im irdisch-körperlich geformten Leben hätte sein können ..."[62]
Johanna hat diesen Text bekommen und antwortete mir auf einer Ansichtskarte: „Danke. Ich glaube, daß ich innerlich auf dem richtigen Weg bin."

(2) *Leiden als Grund menschlichen Wachstums*. Es ist ein uraltes Gedankengut, daß im Leiden der Mensch zu seiner wahren Größe heranwachsen *kann*, daß er reicher, weitsichtiger und weitherziger, aber auch verständnisvoller und barmherziger wird. Er wächst in seinem substantiellen Menschsein über seine engen *Ego-Grenzen* hinaus. Die Sensibilität für das Leiden und für die Misere der Welt kennzeichnet eher diejenigen Menschen, die durch das „Tal des Todes", durch die Tiefe des Leidens *hindurch* gewandert sind. Sie sind nicht im Leiden stecken geblieben. Sie

---

[62] Bô Yin Râ, Brief an einen Trauernden aus dem Jahre 1942, zitiert nach: Rudolf Schott: Bô Yin Râ. Leben und Werk, Bern: Kober Verlag 1979, S. 183f.

haben das Leid nicht als Endstation angesehen. Sie haben erkannt: Leid, Schmerz und Enttäuschung – das ist alles „rohes Material", aus dem sie ihre *geistige Formvollendung* erbauen. Viktor Frankl schreibt: Im Leiden „kommt es zu einer Art *Stoffwechsel*. Rohstoff wird in Kraft umgesetzt. Das im Schicksal gegebene Rohmaterial wird umgewandelt: es wird aus der Ebene des Faktischen auf die Ebene des *Existentiellen* transportiert."[63]

Ich kenne zwei Mütter, deren Kinder an einer unheilbaren – bis heute nicht heilbaren – Krankheit leiden. Sie heißt: *Mukopolysaccharidose*: eine schwere Stoffwechselkrankheit. Diese Krankheit führt etwa bis zum zwölften Lebensjahr zum Tod. Die eine Mutter gab zu, daß die Belastung mit dem kranken Sohn zwar groß sei, aber, so sagte sie wörtlich, „für mich wäre es eine größere Belastung, wenn ich meinen Sohn, Stefan, aus Bequemlichkeit weggeben müßte." Man muß sich vorstellen, daß die Pflege solcher Kinder praktisch einen ununterbrochenen Einsatz erfordert.
Die andere, schwer betroffene Mutter, die ihre Tochter verloren hatte, äußerte sich wie folgt: In leidvollen Jahren habe sie ihre Tochter liebevoll gepflegt und alles Menschenmögliche für sie getan. „Manchmal schwebte Barbara bei einer Grippe oder einer Lungenentzündung in Todesgefahr. Im nachhinein, nach dem Tode von Barbara, überlege ich mir oft: Wie konnte ein Kind mit größter körperlicher und geistiger Behinderung unser Leben verändern? Denn Barbara gab uns etwas Besonderes; sie füllte unsere Herzen mit *Sonnenschein*, machte uns sensibler und feinfühliger."
So etwas kann ein Mensch nicht sagen, wenn er nicht *vorher* das eigene innere Wachstum wahrgenommen hat. So kann niemand sprechen, der nicht die *Macht der Liebe im Leiden* erlebt hat.
Leidende Menschen spüren intuitiv, im Herzen: Nach *innen* soll die Sinnsuche gerichtet sein, wenn es zum Finden, zum inneren Wachstum führen soll, weil nach außen nichts mehr getan werden kann. Leidende Menschen, die sich der Leid-*Empfindung* nicht entziehen, werden letztlich auch fähig, das Leid als Lüge *zu er-*

---

[63] Viktor E. Frankl, Der leidende Mensch. Anthropologische Grundlagen der Psychotherapie, München: Piper Verlag 1990, S. 328.

kennen. Denn nicht das „Leid an sich" fördert inneres Wachstum, sondern die Art und Weise, *wie* **ich** damit umgehe, *wie* ich mich dazu einstelle. Barbara mit ihrer unheilbaren Krankheit: War sie für obige Mutter nicht zutiefst Grund zum Leid? Gewiß. Sie war aber auch Grund eines Wachstums und Quelle der Freude, denn wie sonst hätte die Mutter sagen können, Barbara habe ihr Herz mit *Sonnenschein* erfüllt? Da muß auch Liebe: tiefe, warme, sorgende und starke Liebe mit im Spiel gewesen sein. Da muß eine *liebende Einstellung* am Werk gewesen sein.

(3) *Leiden als Grund menschlicher Reifung.* Diese dritte Bedeutung des Leidens folgt logisch aus der zweiten, denn: der über sich hinauswachsende Mensch reift zu sich selbst heran – sagt Frankl. Das Leiden lehrt den Menschen, seine *innere* Freiheit zu entdecken. Jene Freiheit, die trotz Abhängigkeiten und Behinderungen besteht, mehr noch: erst recht durch Behinderungen heranreift. Reife im geistigen Sinne des Wortes ist nicht ohne Anstrengung zu erlangen. Wie viele kerngesunde Menschen gibt es, die nicht in Freiheit, sondern in „Sklaverei" leben, die nichts Sinnvolles mit ihrer Gesundheit anzufangen wissen, die keine rechte Einstellung zu ihrem positiven Schicksal haben?! Manche von ihnen spüren, daß ein Zu-sich-selbst-Heranreifen ansteht, aber sie ziehen es vor, das Materielle zu vermehren oder Reisen zu unternehmen, die von einer *Innewerdung* ablenken und manchmal fragen sie sich, warum sie ihr Leben langweilig und innerlich leer empfinden. Eine Studentin schrieb:
„Ich bin 24 Jahre alt, besitze einen akademischen Grad, einen luxuriösen Wagen, ich bin finanziell gesichert, und es steht mir mehr Sex und Macht zur Verfügung, als ich verkraften kann. Nur daß ich mich fragen muß, was für einen *Sinn* das alles haben soll."[64]
Auch solche Menschen erahnen, daß ein oberflächliches Glücks*gefühl* noch nicht jenes wahre Glück ist, das sie suchen. Die Wende zum wahren, dauerhaften Glück ist dann erst gegeben, wenn ein Mensch von sich aus erkennt: Nicht er hat Forderungen

---

[64] Vgl. V. Frankl, Der Wille zum Sinn, München: Piper Verlag 1991, S. 11.

an sein Leben zu stellen, sondern sein oder das Leben *fordert* etwas von ihm, wenn es ihn dem Leiden begegnen läßt.

Wenn *ich* selbst ein anderer, und das heißt: ein reiferer, mündiger, barmherziger und *liebevoller* Mensch werde, dann hat mein Leiden einen Sinn. Erst dann kann ich das Leiden als „rohe Grundlage" zur menschlichen Reifung nehmen. Dann aber habe ich auch die „Lüge im Leiden" erkannt und sie entwertet und transformiert. Ist das möglich, Reifung durch Leiden? Ja, wenn der Mensch sein Leiden angenommen, verschmerzt und überwunden hat. Darum merke man sich:

Du sollst dem Leiden keine „Altäre" bauen, aber wenn es dich „besucht", dann erkenne sofort die *Herausforderung* zur menschlichen Reifung! Es liegt noch so mancher Zwischenzustand vor dir, den du Schritt für Schritt zu durchwandern hast, bis du *ganz reif* wirst. Ob du selbst dein Leiden geschaffen hast oder andere dir Leid zufügen, erkenne bei dir selbst, daß du *das Noch-Werdbare* gestalten und kunstvoll-harmonisch formen sollst!

(4) *Leiden als grundlegende Bereicherung.* Darunter versteht Frankl die Möglichkeit, durch das Leiden zu sich selbst heranzureifen und der *eigenen* Wahrheit entgegenzureifen. In diesem Sinn hat das Leiden „nicht nur ethische Würde, es hat auch metaphysische Bedeutung. Das Leiden macht den Menschen hellsichtig und die Welt durchsichtig. Das Sein wird transparent hinein in eine metaphysische [über das unmittelbar Physisch-Sinnliche hinausgehende] Dimensionalität. (...) Das Sein wird durchsichtig: der Mensch durchschaut es, es eröffnen sich ihm, dem Leidenden, Durchblicke auf den Grund."[65] Man liest solche Sätze und man fragt sich als Durchschnittsbürger: Ist das nicht eine „Spinnerei"? Ist es nicht *wagemutig*, vom „*Mut zum Leiden*" (Frankl) zu sprechen?

Nun ich glaube, daß nur die erlebte, durchlittene und *geformte* Leiderfahrung zu solchen Worten führen kann. Auch Meister *Eckehart* lehrte: das Leid sei oft der schnellste Pfad, welcher den Menschen zur geistigen Erkenntnis bringe. Gemeint ist damit Folgendes:

---

[65] V. Frankl, Der leidende Mensch, München: Piper Verlag 1990, S. 330.

Höre, oh Mensch! Aus einem Sklaven des Erdenleides sollst du Herr und Bezwinger deines Leidens werden! Genau das ist meines Erachtens die frohe Botschaft der wahren Religion, auch der Logotherapie und der großen Lebens-Meister.

Ein *unveränderbares Leiden* kann nur *innerlich* bezwungen werden. Wenn da der Mensch durchhält, kommt er in sich selbst zu jenem „Ort" hin, an dem sich ihm ein höherer Sinn offenbart. Durch rechte, aufrichtige Einstellung entdeckt er die Möglichkeit, einen Wert aus dem Material des Leidens zu schaffen.

Das Erdulden eines unvermeidbaren Leides *kann* sehr wohl zur Quelle der inneren Sinnerfüllung und einer ungeahnten Bereicherung werden. Nur man vergesse niemals: Es ist keineswegs das „Leid an sich", das den Menschen fördert, sondern vielmehr des Menschen „Erlebnis-*Einstellung*, die *auch noch im Leide* offenbaren kann, was *wahren Wertes* ist in ihm."[66] Dieses Paradoxon verstehen und erspüren eigentlich nur Menschen, die ihr Leid – nicht vergessen, sondern – *überwunden* haben. Überwinden heißt aber nicht abschaffen, sondern *verwandeln*.

Solche Menschen durchleben „einen Wachstumsprozeß, bei dem es gilt, Äußerlichkeiten zu verlieren, um *Innerlichkeit* zu gewinnen."[67] Solche Menschen sind und bleiben von Grund auf *wahrhaft* – im Denken, Reden und Handeln. Prozeßhaft und stufenweise erfahren sie, daß durch das tapfer getragene Leid das Menschsein in einer Art und Weise *bereichert* wird, wie es sonst nicht oder kaum möglich ist. Allmählich wird solchen Menschen klar, daß das, was sie früher niedergedrückt hat, irgendwann nicht mehr schmerzt, sondern ihnen geheimnisvoll zulächelt.

Diese Menschen haben die tiefe Einsicht gewonnen, daß ein jeder Mensch nur aus dem, was *nicht* er selber ist, sich selbst in Zeit, wie in Ewigkeit *formen* und *erhalten* kann.

Im Geiste der Logotherapie soll der Mensch sich bewußt machen: Einerseits ist die Herausbildung einer Leidensfähigkeit wichtig und *eine* Bedingung gelingenden Lebens, – genauso wie die Arbeits- und Liebesfähigkeit Grundbedingungen gelingenden Lebens sind. Andererseits will Frankl in seiner *sinnorientierten* The-

---

[66] Bô Yin Râ, Das Buch des Trostes, Bern: Kober Verlag 1983, S. 34.
[67] E. Lukas, Die magische Frage – wozu? Freiburg: Herder Verlag 1991, S. 29.

rapie keine falsche „Leidensmystik" propagieren, sondern die aufrechte Haltung und die richtige Einstellung zum Leiden lehren. Mit anderen Worten: Einerseits glaube ich einfach daran, daß einem Menschen durch das „aufrechte Leiden" (Frankl), nämlich durch die innere Einstellung dazu (und das heißt auch: durch die Gestaltung desselben Leidens) *metaphysische* Dimensionen sich erschließen können. Andererseits sind mir all jene verdächtig, die von sich behaupten, sie seien erst durch *das Leid an sich* „bessere Menschen" geworden. Nicht das „Leid an sich" macht reif und bereichert uns, sondern die geistige Einstellung zum Leid! Es ist die Art und Weise, *wie* das Leid bearbeitet, geformt und bewältigt oder ertragen wird, die bewirkt, daß Menschen innerlich wachsen. Auch schwerstes Leid, lehrt Bô Yin Râ, „kann dir zum *Segen* werden, wie es dir auch gleicherweise nur neues *Unheil* bringen wird, wenn du es nicht in *deine* Herrschaft zu zwingen weißt ... Du *selbst* allein entscheidest, was aus dem Samen des Leides dir ersprießen soll! Nur wenn du aufhören wirst *zurückzublicken* und alle Aufgabe *vor* dir siehst, wirst du den *Segen* des Leides ernten! Dein Schicksal *will* etwas von dir, sobald es dich durch *Leid* und *Leiden* führt! Ein jedes *Leid-Erleben* ist *Abschluß* und *Neubeginn*. Wenn bei dem *Abschluß* du zu lange verweilst, wirst du die beste *Kraft* in dir erlahmen lassen, die dir zu neuem *Beginnen* dienen sollte!"[68]

Bô Yin Râ spricht als der geistige Lebens-Lehrer. Viktor Emil Frankl spricht als der erfahrene Psychiater, als Arztphilosoph und als Überlebender von vier Konzentrationslagern, und beide wissen um dasselbe: daß der Mensch eine geistige Kraft besitzt, die ihn aus der Leidverhaftung *lösen* könnte, wenn er es nur lernen würde, das Leiden seiner Seele zu verarbeiten und dem Leide *Schranken* zu setzen. Schranken setzen aber heißt: *Formung*! Durch geistige Formung und durch geistige Einstellung wird das körperliche und das seelische Leiden *bezwungen*. Es ist wahr: Ein *jeder* Mensch kann sich von vielem Leid *befreien*, das er in törichter Verblendung *sich selbst schuf*, und vieles Leid kann er *vermeiden*, wenn er nur von seiner Kraft Gebrauch macht.

---

[68] Bô Yin Râ, Das Buch des Trostes, Bern: Kober Verlag 1983, S. 20f.

11. Auch die Freude könnte zum wahren, zum höheren Selbst hinführen!

Freilich offenbart sich für viele erst im Leiden etwas von ihrer Tiefe (leider!, füge ich hinzu); denn auch die *Freude* könnte wahrlich (!) zu gleicher Tiefe hinleiten. Doch wir ziehen es vor (und das in nicht wenigen Fällen), lieber zu leiden, als *uns in der Freude zu bewahren*. Und auch in der Freude begnügen wir uns mit dem Wenigen, das die *Oberfläche* hergeben mag.
Dieses Paradoxon möge jeden Leser und jede Leserin nachdenklich stimmen. Es beinhaltet einen der dunkelsten Seiten unserer irdischen Existenz: die sadistisch-masochistische Neigung, die Hingabe an das Leid höher einzuschätzen als die *Hingabe an die Freude*.

12. Die Kunst ist: Sich selbst in der Freude zu bewahren!

Die großen Meister der Kunst des Lebens, jene Gestalten der Menschheitsgeschichte, die man nicht umgehen kann, will man über das *Humanissimum* Bescheid wissen, – (ich denke an Laotse und Konfuzius, Buddha und Sokrates, ich denke primär an den Größten aller Liebenden, – an den Meister von Nazareth, – auch an Franz von Assisi und Mutter Teresa usw., wobei mir voll bewußt ist, daß hier verschiedene *geistige Größen* genannt wurden), – diese leuchtenden Gestalten also haben Maßstäbe des Humanissimum gesetzt: Sie sind niemals feige dem Leid aus dem Wege gegangen, denn sie wußten zu leiden, wenn das Leid, das sie nicht gesucht haben, auf sie zukam. Allein, sie wußten auch, *sich der Freude hinzugeben*. Und das fällt ins Gewicht, darauf kommt es an – auch und gerade im individuellen Leiden, in dem *ein* Mensch die Art und Weise *wie* er leidet, weitgehend mitbestimmen kann. Der Mensch kann, mehr als er ahnt, sich und sein ganzes Leben mit *Humor* betrachten. Der Mensch kann, wenn er nur will, die Kraft der *Dankbarkeit* entdecken.

In den Erinnerungen von Viktor E. Frankl (1905–1997) fand ich eine interessante Stelle, die etwas ins Gewicht Fallendes aussagt. Da schreibt Frankl:

„Ich komme im allgemeinen über Kränkungen hinweg – vielleicht dank einer Ader von Lebenskunst. Immer wieder empfehle ich auch anderen zu tun, was ich mir zu einem Prinzip gemacht habe: Wenn mir etwas zustößt, sinke ich in die Knie – natürlich nur in der Phantasie – und wünsche mir, daß mir in der Zukunft *nichts Ärgeres* passieren soll. Es gibt ja eine Hierarchie nicht nur der Werte, sondern auch der Unwerte, die man sich in solchen Fällen in Erinnerung rufen sollte. In einem WC im Lager Theresienstadt habe ich einmal einen Wandspruch gelesen, der lautete: *,Setz' dich über alles hinweg und freu' dich über jeden Dreck.'* Man muß also auch das Positive sehen, zumindest muß das jemand, der Lebenskünstler sein will. Es geht aber nicht nur darum, was einem in der Zukunft erspart bleiben möge, wie im besagten Stoßgebet, sondern auch darum, was einem *in der Vergangenheit erspart geblieben ist*. Aber jeder sollte für solche Glücksfälle auch *dankbar sein* und sich immer wieder an sie erinnern, Gedenktage einführen und sie feiern."[69]

Genau das ist es! Dankbar sein für das, was mir an Leid erspart wurde! Und das andere wäre, wie gesagt: den Humor zu pflegen. Dankbarkeit, Humor und stille Freude – bilden diese nicht ein schönes „Trio"? Der Humor hat mit *praktischer Lebensweisheit*, die aus der Lebenserfahrung wächst, zu tun. In ihm schwingt Güte, tiefes Verständnis für das (Allzu-)Menschliche und ein eigenartiger Tiefgang mit. Wer Humor hat, liebt das Leben. Wer Humor hat, gestaltet das Leiden. Wer Humor hat, ist dem Leben dankbar. Wer Humor hat achtet mehr auf die Freude als auf das Leiden. Wer Humor hat, will *sich selbst eher in der Freude bewahren*, und er hütet sich davor, dem Leiden Altäre zu bauen.

Darum möchte ich „den Schlußakkord" zum Thema Unsinn und Sinn des individuellen Leidens so gestalten, daß ich über die Freude bzw. über den *Willen zur Freude* spreche. Nach *eigener* Zusammenstellung und Reihenfolge, aber *inhaltlich* in Anlehnung

---

[69] Viktor E. Frankl, Was nicht in meinen Büchern steht. Lebenserinnerungen, München: Quintessenz Verlag 1995, S. 15f.

an *Bô Yin Râ*, sollen zehn Reflexionen über die Bedeutung der Freude bei der Überwindung des Leides dargelegt werden.

(1) Das erste, was hier gesagt werden muß, ist: Vergessen Sie Lehren, die Ihnen beibringen wollten, den lieben Gott im Leiden zu suchen! Es sind Sklaven des Leides, die sich den „leidenden" Gott ausgedacht haben![70] Christus der „leidende Erlöser" ist *nicht* der „leidende Gott"! Denn: „Gott lebt in der Freude, – nicht im Leid!" Darum heißt es:
„Man darf sich nicht irreführen lassen, durch die zwar Dichtern allenfalls erlaubten, aber so wenig wirklichkeitsnahen elegischen Träumereien von einer Gottheit, die des Menschen *Leid* als das *ihre* erlebt, und vom Menschen her ihre eigene *Erlösung* erwartet! Die Dinge liegen in Wirklichkeit recht wesentlich anders …"[71]
Dazu hat sich auf seine Weise auch Thomas von Aquin (1224–1274) geäußert. „In der *Summa theologica* ist gesagt (I, 26), man verfehle schlechthin die Wirklichkeit Gottes, wenn er nicht als der vollkommen Glückselige gedacht werde. (…) Dies freilich ruft sogleich eine bestürzende Folgerung hervor. Wenn Gottes Glückseligkeit nicht darauf beruht, daß irgendetwas sonst geschieht oder ist, dann kann sie also auch nicht getrübt oder gesteigert werden durch ein wie immer geartetes Geschehen im Bereich der Schöpfung und in der geschichtlichen Welt des Menschen. Das ist in der Tat ein ungeheuerlicher Gedanke."[72] Und genau diesen Gedanken auf sich wirken zu lassen, könnte zuwege bringen, daß ein Mensch die unzerstörbare Freude und Glückseligkeit Gottes als seine Kraftquelle entdeckt.
Zwar kommen Leid und Freude in *diesem* Leben zusammen, aber Freude ist letztlich größer als Leid, und Freude ist ewig! Darum findet man Gott in der Freude.

---

[70] Vgl. Bô Yin Râ, Das Buch der königlichen Kunst, Bern: Kober Verlag 1983, S. 173. (2. Aufl.)
[71] Bô Yin Râ, Der Weg meiner Schüler, Bern: Kober Verlag 1983, S. 125–130.
[72] Josef Pieper, Glück und Kontemplation, in Werke in acht Bänden, hier Band 6, S. 165, Hamburg: Felix Meiner Verlag 1999.

(2) „Dein Leid sollst du dir *dienstbar* machen, damit es deiner *Freude* Knecht und Helfer werde!"[73] Hat derjenige, den man Christus nennt, nicht von einer *frohen Botschaft* gesprochen und von einem Leben in Fülle, in der die Freude kein Ende kennt? Jeder einzelne Mensch, der das Leid des anderen durch *Freude*, die er in des anderen Leben zu bringen sich bemüht, verdrängt das Leid. Er dient nicht nur der Leidüberwindung, sondern schafft „harmonische zwischenmenschliche Räume" in dieser Welt und handelt gemäß der jesuanischen Botschaft.

(3) Um dem Mitmenschen Freude zu bereiten, muß man seine Aufmerksamkeit in der *Stille* sammeln und auf die Freude konzentrieren. Es ist sehr wohl angemessen, zunächst in die Stille zu gehen und sich selbst zur Freude „stimmen". Gelingt es einem Menschen in sich selber eine Quelle der Freude zu erschließen, so daß er weitgehend unabhängig wird von allem äußeren Geschehen, dann wird er alsbald auch in den anderen Freude erwecken können.

Der in der Stille Meditierende wird mit der Zeit erkennen: „Vom *Menschen* aus müssen wir zu Gott gelangen, sonst bleibt uns Gott in Ewigkeit ein Fremder! Wir wollen Gott nicht *in der Trübsal des Herzens* suchen, denn uns erzeugte Gottes *Wille zur Freude*!"[74]

Es gibt nicht nur den Wille zur Lust (Freud), nicht nur den Wille zur Macht (Adler) und den Wille zum Sinn (Frankl), sondern es wirkt in uns Menschen auch der *Wille zur Freude*!

(4) Haben Sie sich schon manchmal gefragt, warum Sie sich selbst so typisch im Wege stehen? Haben Sie schon entdeckt, daß Sie ein „Talent" haben, Ihre eigene Freude – oder die gerade sich einstellende kleine Freude – kaputt zu machen? Und Sie bezeichnen sich vielleicht als „religiös"? Wie können Sie eine *höhere Gegenwart* vernehmen, wenn Sie zuerst nicht *sich selbst* vernehmen? Und wie können Sie sich selbst vernehmen, wenn Sie grübeln, sich oder anderen ständig Vorwürfe machen oder in Trau-

---

[73] Ebd., S. 173.
[74] Ebd., S. 178.

rigkeit versinken? Als ein Kenner der grüblerischen Gedanken weiß ich zu sagen: Das Sichherumschlagen mit quälenden Gedanken ist der beste Weg, den Willen zur Freude zu schwächen und zu untergraben. Und das sauertöpfisch-überernste Verhalten – angeblich aus „religiösen" Gründen – ist gewiß nicht aus dem Wesen der Religion zu rechtfertigen, denn wahre Religion ist *frohgemute Freiheit* und *Heiterkeit des Herzens*! „Der Mensch, der *Gott* vernehmen lernen will, muß erst *sich selbst* vernehmen lernen ..."[75] – und in sich selbst die tiefere Neigung zum Frohsein. Freude will Ewigkeit – tiefe, unverlierbare Ewigkeit, sagte sinngemäß *Nietzsche* und wir können das ergänzen:

„Deine Sehnsucht will *ewige Freude* in Ruhe und Tat!
Freude ist menschliches Fühlen göttlicher Vollkommenheit!
Darum sollst du dem *Willen zur Freude* Macht in dir geben!"[76]

(5) Man lese konzentriert und man koste folgende Worte als eine Übung der Imagination:

„Am Ufer des Meeres sah ich eine Mutter sitzen mit ihrem Kinde. Das Kind spielte im Sande mit Muscheln und bunten Steinen. All sein Spiel aber war ein *Wählen* und *Verwerfen*. Sind wir nicht selbst derart spielende Kinder?! –

Wir *wählen* und *verwerfen*, und treiben es so durch Jahre und Jahrzehnte, bis wir zum Ende rüsten.

Ist nicht der gleiche Trieb das Treibende, der jenes Kind mit Muscheln und Steinen spielen ließ?! – ...

Aus *gleicher* Tiefe quellen die Impulse für das Spiel des Kindes wie für *alle Tat*. – Hier wie dort ist im tiefsten Grunde der *Wille zur Freude* zu finden! ...

All deine Gedanken und Taten sind deine ‚Muscheln' und ‚bunten Steine'. Nach deinem *eigenen* Werte wirst du *wählen* und *verwerfen*. –

Bald wirst du erkennen, daß *vieles* ‚verwerflich' ist, da es zu *bleibender* Freude nicht taugt.

Aber gar viele ‚bunte Steine' schichtest du doch zu Haufen, und dein Auge erfreut sich an ihnen für einige Zeit. Dann aber wirst

---

[75] Ebd., S. 179.
[76] Bô Yin Râ, Das Buch der königlichen Kunst, Bern: Kober Verlag 1983, S. 201, (2. Aufl.)

du des Spielens müde. Du lernst *Werte* unterscheiden."⁷⁷ Das ist es: Lernen, – zum Beispiel, – daß es ein bleibender Wert ist, als Elternteil, auch den anderen Elternteil zum Kind zu lassen. Oder lernen, daß der Rhythmus des anderen, mich in meinem Rhythmus herausfordert, einen sinnvollen Konsens zu finden. Man merke sich:
Wenn du erkannt haben wirst, daß *vieles* „verwerflich" ist, da es zu *bleibender Freude* nicht taugt, dann wirst du des Spielens müde.⁷⁸ Und die Müdigkeit ermöglicht endlich, den Blick nach innen zu richten.

(6) Der Mensch verspielt Vieles und verliert manchmal Jahrzehnte, bis er das Verwerfliche lassen kann. Dann aber wird er nach dem Wenigen suchen, das *dauernd leuchtet*.
„So verlangt es der Wille zur Freude:
Freude ohne Enttäuschung,
Freude ohne Unterlaß,
Freude ohne ein Ende!"⁷⁹
Ist das aber, menschlich-irdisch gesehen, möglich? Ist das wahr? Diese Verstandesneugierde nimmt der Weise auch ernst und deshalb schreibt er:

(7) Du wirst nun fragen: „Wenn diese Lehre die Wahrheit birgt, woher dann – das *Leid*? –"
„Und ich antworte dir:
Leid ist der *Freude* Bedingnis und Unterpfand!
Alles im Kosmos lebt aus polaren Gegensätzen. Leid und Freude sind auch polare Gegensätze.
Ohne das *Leid* könnte die Freude nicht *zu sich selber* kommen, denn alles Trennen und Teilen schafft *Leid*: – Trennung und Teilung aber ist *vonnöten*, damit Freude sich in allen Formen offenbaren kann, die ihr unendlichfältig verschiedenes Wirken braucht, aus dem alles Leben sich erhält.
Aber dein *Wille zur Freude* wird dich im *Leid* die *Lüge* sehen lehren und dir so das Leid *ent-werten*."⁸⁰

---

⁷⁷ Bô Yin Râ, Das Buch der königlichen Kunst, Bern 1983, S. 183, 185f.
⁷⁸ Vgl., ebd., S.185.
⁷⁹ Ebd., S. 187.

Versuchen Sie, folgende Imaginationsübung durchzuführen:
Welchen Wert messen Sie der Freude bei? Und dem Leid?
Welches war das erste Erlebnis der Freude in Ihrem Leben?
Suchen Sie nach Erinnerungen, Szenen, Erfahrungen der Freude!
Holen Sie die Erinnerungen in die Gegenwart hinein und tanken
Sie aus der Energie der erlebten Freude!

(8) „Leid und Freude brauchen einander, aber Leid und Freude *bekämpfen* auch einander ohne zum Frieden zu gelangen.
Leid wie Freude wollen deine Kräfte an sich ziehen.
Leid und Freude wollen durch dich *gewertet* werden.
Soviel du der *Freude* Wert *beimessen* wirst, soviel Wert *entziehst* du dem *Leid*, – bis es dereinst zum willigen *Diener* deiner Freude wird!"[81]

(9) Aber man muß sich gut merken: Wenn Leid und Freude sich bekämpfen, sollte der „Kampf" nicht unentschieden sein. Er sollte irgendwann zum *Sieg* führen. Aller Sieg braucht Kampf!
„Kampf heißt: Wunden *erleiden* und Wunden *schlagen*!
Leid wird *dir* durch *Andere* kommen und du wirst Ursache werden für das Leid der *Anderen*.

(10) Hüte dich aber in deinem Willen zur *Freude*, auch an den *Wunden* dich zu erfreuen, die du im Kampfe schlagen mußt!
Du sollst dein Leid in Fesseln legen, wenn es dich nutzlos leiden macht.
Wo aber dein Leid *zum Kampfe fordert*, dort sollst du dir den Sieg *erkämpfen*!
Alles Leid ist *Lüge*!
Alles Leid geht dereinst unter in der *Wahrheit*!
Das Leid ist nichts Bleibendes!
Nur die *Freude* ist *ewig*, weil sie der Ewigkeit *entstammt*!"[82]

---

[80] Ebd., S. 187f.
[81] Ebd., S. 189.
[82] Ebd., S. 189f.

Sehen Sie nun, den Unsinn und den Sinn des individuellen Leidens?

Ob Sie von nun an suchen werden, *sich* im *Willen zur Freude zu bewahren*!? Beethoven hat in der 9. Symphonie dem Götterfunken *Freude* eine unvergeßliche musikalische Form geschaffen! Ist das nicht merkwürdig?

„In der Welt habt ihr Angst; aber seid getrost, ich habe die Welt überwunden" (Joh 16, 33).

In der Welt kann der einzelne Mensch das Leid weitgehend bewältigen und zurückdrängen, einschränken und relativieren, und dafür ist er auch *verantwortlich*.

Ich kann und deshalb soll ich dies tun.

Wenn nicht *ich* es tue, – nämlich mein Leid zu relativieren, – wer soll es denn tun? Wenn ich es nicht *heute* tue, – nämlich mein Leid einzuschränken, – wann soll ich es tun?
Aber wenn ich nicht *auch für andere* nach Möglichkeiten der Leidüberwindung Ausschau halte, – durch Vermehrung der Freude, – was für ein Mensch bin ich dann?

Über die „Tugend" der Dankbarkeit
Therapeutische und spirituelle Aspekte

Das Danksagen und die Dankbarkeit ist *Antwort* auf die Erfahrung des Verwiesenseins auf etwas Vorausliegendes. Eltern sind dem Kind voraus, sie sind *vor* dem Kind da. Die Kinder merken irgendwann, daß sie von den Eltern viele Güter empfangen haben und, wenn die Eltern selbst das Danken-*Können* vorgelebt haben, werden die Kinder dankbar sein. Eine gute Tat, die mir jemand erweist, ist *vorher* da und ich fühle *nach* dem Erleben jenes Guten, das mir zuteil wird – Dankbarkeit. Das erste Gefühl der Dankbarkeit, an dem *ich* mich erinnern kann, war in mir etwa im Alter von fünf Jahren hochgekommen, als mich mein Vater auf seinen Schultern trug während eines Spaziergangs, und ich mich wie ein „kleiner König" fühlte. Es war einfach herrlich, so getragen zu werden. Ich war der Reiter und mein Vater das Pferd – in meinem damaligen kindlichen Gefühl. In den Zeiten dazwischen hatte ich nicht wenige Male erkannt, daß ich eine Menge Gründe habe, dankbar zu sein – zum Beispiel, weil ich die ganze Zeit als Schüler und Student sehr gute Lehrer hatte – und daß ich eigentlich viel mehr und viel bewußter die Gründe zur Dankbarkeit präsent halten sollte.

Auch an einem bestimmten Tag des Jahres 2000, nämlich am 29. Mai, packte mich erneut so ein unbeschreiblich starkes, schönes, hell-klares Gefühl – im Prinzregententheater in München. Das Münchner Bach-Orchester spielte Werke des überaus großen und erhabenen Meisters: Johann Sebastian *Bach*.

Es waren die Orchestersuiten Nr. 2 in *h-moll*, BVW 1067; Nr. 3 in *D-Dur*, BWV 1068 und Nr. 4 in *D-Dur*, BWV 1069. Und ich *konnte* dieser majestätisch klaren, fröhlichen, ausgewogenen und feierlichen Musik lauschen. Das war keine bloße Unterhaltung, keine „Seelenentartung", wie heute vielfach sogenannte „atonale Musikstücke" sind, sondern da erklang ein kristall-heller, transzendenter Geist, der *im Medium des tönenden Geheimnisses* die innere Existenz aufbauende, harmonische Impulse setzte, die plötzlich und wieder – wie so oft in meinem Leben – ein neues *Glücksgefühl*, eine unbeschreibliche *Regung der Dankbarkeit* erzeugte: Gut, oh Gott ist es gut, daß es die Musik des Johann Sebastian Bach gibt! Es ist gut, daß mir gegeben wurde, mich dieser Musik öffnen zu können! Es ist gut, daß ich diese Musik *hören* kann!

Und erneut, wie so oft in meinem Leben, überflutete mich die Dankbarkeit. Mir wurde bewußt, daß ich *anderen* Menschen – in erster Linie *meinem Vater* – zu danken habe, daß ich für die große Musik eine „Antenne" entwickeln konnte, denn *er* hat mich schon in sehr jungen Jahren viele male ins Konzert mitgenommen und meine Seele dadurch gefördert. Ja, Dankbarkeit hat mit anderen Menschen zu tun, von denen und durch die auf uns Gutes zugekommen ist.[83]

Es schien mir notwendig, dieses persönliche Erleben zumindest in Grundzügen zu schildern, um zeigen zu können: Dankbarkeit ist des Menschen *Antwort* auf das Gute, das ihm *zuvor* teilhaftig wurde. Dankbarkeit ist *liebende Zurückwendung* zu dem, der seine Liebesgesinnung kundgetan hat, und die Bereitschaft, ihm mit herzlicher Güte zu antworten (Alfons Auer). Dankbarkeit ist eine *Seelenkraft*, welche die wache Erkenntnis bewirkt: Du bist, o Mensch, nicht bloß ein Teil der physisch-sinnlichen Welt, sondern geistig wurzelst Du in jenen Höhenregionen des Geistes, von wo aus Dir die Hilfe zugeleitet wird, für die Du immer wieder *dankbar* sein kannst und sollst!

Gewiß ist die höhere Hilfe an einzelne Menschen gebunden: an die Vermittlung einer unendlich großen geistigen Hierarchie, die sich überall dort auswirkt, wo empfangsbereite, dankbare Seelen die Hilfe annehmen *wollen*. Danke sagen, heißt nämlich: „Was ich bin und kann, verdanke ich nicht mir allein." Danke sagen, heißt: Den anderen und die anderen, mit denen ich sichtbar und unsichtbar verbunden bin, in den Blick zu nehmen. Danke sagen, heißt: Das empfangene Gute in Wort und Tat weiterzugeben jenen, die dafür aufnahmebereit sind. Danke sagen, heißt: Jene **Ur-Quelle** zu erkennen und sich mit ihr verbinden, aus der letztlich

---

[83] Auch Chinesen können Dankbarkeit fühlen, wenn sie Bach hören. Der Pekinger Komponist Tan Dun sagte: „Dass auch in Peking, nach der Kulturrevolution, Menschen zusammenkamen, um mit Bachs Musik eine *spirituelle* Haltung zu teilen, hat mich sehr beeindruckt. Wir spürten instinktiv den Geist, den Bachs Musik transportiert. Bach war wie Medizin. Es war überwältigend, als ich den Choral *O Haupt voll Blut und Wunden* zum ersten Mal gehört habe. Hunderte Menschen sangen gemeinsam, und ich fragte mich: Was ist das für eine Musik, die einem so nahe geht? Es ist wahr: Aus Bachs Musik spricht nicht nur die abendländische Kunsttradition. Aus ihr spricht das Humane an sich." (DIE ZEIT, 20. Juli 2000, Feulleiton, S. 31).

alle Güter des Geistes und der Seele hervorsprudeln, und aus dieser Verbindung das Empfangene weiterreichen.

In allen Kulturen der Menschheit gab es von Anfang an kultische Riten der Lobpreisung und Danksagung, die in den *verschiedensten* Formen, jenen „Mächten und Gewalten" galten, welche die *Heilwerdung der Welt und des Daseins im ganzen* bewirken. Der einzelne Mensch erfuhr in seinem Bedrängnis Hilfe und drückte im Rahmen seiner Religion seine Dankbarkeit aus – siehe jene Psalmen der Bibel, welche genau *diese* Erfahrung thematisieren:

„Lobe den Herrn, meine Seele,/ und vergiß nicht, was er dir Gutes getan hat: der dir alle deine Sünden vergibt/ und heilet alle deine Gebrechen, der dein Leben vom Verderben erlöst,/ der dich krönet mit Gnade und Barmherzigkeit" (Psalm 103, 1–4).

Der religiöse Kult ist wesentlich durch die Darbringung von Lobpreis und Danksagung gekennzeichnet – sagt *Augustinus*. Wahre, gereinigte Religion will immer den Menschen zur Danksagung und Dankes-*Tun* animieren. Sie will die Seelenkraft der Dankbarkeit erwecken, damit der Mensch sich selbst *als der Beschenkte* bewußt wird. Denn, und das wußten alle erleuchteten Lehrer der Menschheit, die Dankbarkeit bewahrt vor Selbstüberschätzung, vor Überheblichkeit und vor Selbstbetrug. Dankbarkeit bewahrt vor dem Größenwahn, wie ein „Gott" zu sein.

Ich erinnere mich noch sehr gut an jene rumänisch-orthodoxen Christen, die in den siebziger Jahren anläßlich der sogenannten „Novenne zur Ehrung des Heiligen Antonius" zu uns in die katholische Kirche kamen und inbrünstig beteten, damit es der Familie, dem Geschäft usw. gut geht. Ich sah vor allem Männer um die 50, die vor dem Altar des Heiligen Antonius niederknieten und aus ganzem Herzen den „Wundertäter aus Padua" um Hilfe und Unterstützung baten:

„Um was ihr fleht, gewähret euch
Antonius, an Wundern reich.
Not, Aussatz, und des Irrtums Nacht,
Die Hölle selbst, weicht seiner Macht!

Er stillt des Meers empörte Flut,
Er schafft herbei verlornes Gut!
Die harte Fessel bricht entzwei;
Der kranke Glied wird schmerzenfrei!
Wer zu ihm rufet, alt und jung,
Fühlt Trost durch ihn und Linderung".

Später erfuhr ich, daß ihnen geholfen wurde. Sie haben ihre Dankbarkeit in kleinen Marmortafeln eingraviert mit Texten wie: „Danke dir, Hl. Antonius". Oder: „Der Hl. Antonius hat mir geholfen. Gott sei gepriesen!"

Nebenbei bemerkt: Für den Vorgang, der sich hier *wirklich* abspielt, bleibt ganz belanglos, wie der Hilfesuchende die Befähigung zur Hilfeleistung *sich erklären* mag. Die Erfahrung zeigt, und darauf kommt es an, daß heilende und helfende geistige Kräfte empfangen werden können, wenn eine bestimmte Haltung im *vertrauenden Gebet* eingeübt wird.

Man muß aber nicht ausdrücklich religiös sein, um zu entdecken, daß schon die wohlwollende Sympathie oder gar Liebe, die ein anderer uns entgegenbringt, ein unverdientes Geschenk ist, das in uns ein *Dankesempfinden* hervorruft. Es ist nicht selbstverständlich, daß ein anderer Mensch mich mit seiner Liebe und Güte beschenkt – das ist das eine. Es ist angemessen, ihm dafür dankbar zu sein – das ist das andere.

Eine uralte biblische Botschaft lautet: Es ist immer ein JEMAND, der aller denkbaren menschlichen Liebe *voraus* und *zuvor* das Logos-Wort gesprochen hat: Ich will, daß du seist; es ist gut, *„sehr gut"* (Gen. 1, 31), daß du, oh Mensch, existierst. Das Gutsein und Liebenswertsein gehört zu deinem Dasein. – Diese Botschaft ist wiederum nicht selbstverständlich. Heute ist sie sogar vielfach in Vergessenheit geraten „unter dem technischen Machbarketswahn", der in manchen Köpfen sich eingenistet hat und meint, es sei alles machbar. Sicher gab und gibt es Menschen, denen diese biblische Botschaft nicht bis zu ihrem Bewußtsein vorgedrungen ist. Mich interessieren aber jene Menschen, denen es bewußt wird, daß es sich ziemt, für die *Gaben des Lebens* ab und zu ein Dankeswort auszusprechen. Die Gaben des Lebens

sind aber gar mannigfaltig. Das Leben selbst in dieser irdisch-physischen Sinnenwelt ist schon eine *Gabe.*
Des Menschen Lebensraum in der physischen Bedeutung des Wortes ist ein *Geschenk.* Die Möglichkeit, den Geist in dieser Welt so vielfältig zu verkörpern und verkörpern zu können: – in der Kultur, in der Kunst, im eigenen Leib, in den zwischenmenschlichen Beziehungen – ist eine *Gnade.*
Schon die allererste Liebesregung, die ein Mensch – in welcher Form auch immer – erlebt, enthält ein Element von Dank. Der Geliebte ist dankbar dafür, daß er geliebt wird. Der Liebende ist dankbar dafür, daß er lieben kann. Das Danksagen und die Dankbarkeit erfolgt, wie gesagt, als *Antwort auf die Erfahrung des Verwiesenseins auf etwas Vorausliegendes.* Eltern „liegen" dem Kind „voraus": sie sind *zuvor* da und deshalb ist es in Ordnung, wenn ein Kind sich seinen Eltern gegenüber bedankt. Freilich, so muß gefragt werden, sind nicht auch die Eltern zur Dankbarkeit aufgerufen? Denn auch sie wurden im Kind und durch das Kind *beschenkt.* Wenn man außerdem bedenkt, daß es überhaupt nicht selbstver-ständlich ist, Vater und Mutter zu werden, fühlt man sich für das *Geschenk der Elternschaft* zu großem Dank verpflichtet. Ich erinnere mich an eine vom Schicksal schwer betroffene Mutter, deren Tochter an einer unheilbaren Krankheit gelitten hat von Geburt an, und mit 9 Jahren gestorben ist. Später äußerte sich die Mutter so: „In leidvollen Jahren habe ich meine Tochter gepflegt und alles Menschenmögliche für sie getan. Manchmal schwebte Barbara bei einer Grippe oder einer Lungenentzündung in Todesgefahr. Nach ihrem Tode, rückblickend auf all die Jahre, überlege ich mir oft: Wie konnte ein Kind mit größter körperlicher und geistiger Behinderung unser Leben *verändern*? Denn sie *gab* uns etwas *Besonderes:* Sie füllte unsere Herzen mit *Sonnenschein,* machte uns sensibler und *feinfühliger."*
Und ich frage mich: Wie konnte eine vom Leiden schwer erprobte Mutter sagen, daß die kranke Tochter ihr Herz mit Sonnenschein erfüllte? Meine Antwort lautet: Weil sie – die Mutter – die Seelenkraft *Dankbarkeit* in sich selbst hat wach werden lassen durch die mütterliche Liebe für die Tochter.
Eine andere Mutter, die ihren 21jährigen Sohn durch Suizid verloren hat, fand folgende Worte: „Natürlich war unser Leben rei-

cher mit Jonathan, wir haben viel mehr gelernt, als wir ohne ihn je hätten lernen können. Und es bleibt unsere *Dankbarkeit* dafür."[84]

Danken, Danksagen, Dankbarkeit ... Diese Worte unserer Sprache verweisen den wachen Menschen auf eine vielfach vergessene „Tugend" und *Seelenkraft*, die aktiviert werden will. Die innere Logik der Sprache unterrichtet uns, daß das Wort „danken" nicht für sich, sondern im Kontext des „jemandem **für** etwas danken" steht. Dieses „**für**" ist zentral. Damit will ich mich nun beschäftigen.

Der folgende authentische Brief ist ein ergreifendes *Zeugnis der Dankbarkeit* einer Studentin: Zeugnis *für* die Güte, die sie jahrelang bei ihrer Mutter erfahren und vorübergehend vergessen hat, bis ihr eines Tages *blitzartig* klar wurde, daß sie der Mutter ein Wort der Dankbarkeit schuldet, weil es nicht selbstverständlich war, daß sie die Tochter auch in ihren sog. „schwierigen Trotzphasen" geliebt hat. Für mich ist dieser Brief außerdem Ausdruck jener „Tugend", die in unserer Zeit Seltenheitscharakter hat. Die 21jährige junge Frau hatte zum Zeitpunkt des Schreibens dieses Briefes als *Au-pair-Mädchen* ein ganzes Jahr im Ausland gearbeitet. Etwa in der Mitte des Jahres, nach einem äußeren Geschehen, das in ihrer Seele ein *inneres* Erlebnis bewirkte, wurde ihr plötzlich bewußt, was und wieviel sie ihrer Mutter zu danken hat. Angst, Liebe und Dankbarkeit mischen sich in dem Brief miteinander. Aber: Es ist die „*Tugend*" *der Dankbarkeit*, und die Weise, *wie* sich die Studentin um den Ausdruck ihrer Empfindungen bemüht, was *mich persönlich* durch diese Zeilen hindurch so sehr berührt hat, daß ich inspiriert wurde, diesem Thema von nun an vertiefte Aufmerksamkeit zu widmen. Davon abgesehen, daß in meiner Herkunftsfamilie Dankbarkeit gelehrt und praktiziert wurde, scheint es mir dennoch wichtig, die damit gemeinte *Geistes-Haltung* zu bedenken und fühlend zu erörtern.

Die 21jährige Briefschreiberin hat zwei Brüder. Sie lebte seit ihrem 15. Lebensjahr mit ihren Brüdern bei der Mutter, die sich irgendwann hat scheiden lassen. Dadurch waren die drei Kinder

---

[84] Rita Maoz, Liebe kann nicht sterben, Wuppertal 2000, S. 262. Das Buch ist ein erschütterndes Lebensdokument über Jonathan, geschrieben von seiner Mutter, die dem Jungen mit diesem Buch ein Denkmal gesetzt hat.

mit der Mutter zusammen. So viel als Hintergrundinformation möge nun genügen. Der Inhalt dieses Briefes, der hier vollständig wiedergegeben werden soll, ist mir ein willkommener Anlaß, dem Lebens-Thema *Dankbarkeit* weitere Gedanken-Bilder hinzuzufügen, um die therapeu-tische und spirituelle Aspekte herauszuarbeiten. Denn, davon bin ich zutiefst überzeugt, Dankbarkeit *als Seelenkraft* und *als Lebens-Haltung* ist für die Genesung der Wunden, die wir austeilen und erleiden, sowie im Hinblick auf die geistige Vollendung eines jeden Menschen genauso wichtig wie die ewige Liebe.
Und nun zum ergreifenden Brief der jungen Frau.

Dankes-Brief einer 21jährigen Frau an ihre Mutter

Liebe Mama,

ich sehe hier in letzter Zeit eine Reihe von Kinofilmen, und jeder bringt mich mehr dazu, Rotz und Wasser zu heulen. Auch jetzt gerade komme ich wieder von einem Kinofilm heim. Ich war mit Nathalie im Kino.[85] Meistens sind die Filme über Mamis und das ist es, was mich so zum Heulen bringt. Es sind Filme über Mamis, die sich um ihre kranke Kinder kümmern oder Mamis, die am Morgen herein kommen, die Fenster aufreißen, um frische Luft reinzulassen und das Staubsaugen anfangen, wobei die Kinder noch *grummelnd* im Bett liegen ... Das alles bringt mich so zum Heulen. Nathalie verkörpert einfach meinen fast wahrgewordenen Alptraum: Was ist, wenn die Mama stirbt ...? ...
Das Schlimme ist Mama, ich glaube Du weißt nicht mal, wie schlimm das für mich wäre ... [wenn Du sterben würdest]. So gemein und „kaltherzig" (wie Du immer so schön sagst), wie ich oft und über lange Zeit hinweg zu Dir war ... da würde ich an Deiner Stelle auch nicht mehr so genau wissen. Aber Mama, Du mußt zur Kenntnis nehmen, jedes einzelne Schimpfwort hat mir

---

[85] Nathalie, deren Mutter kurz vor dem Schreiben dieses Briefes gestorben war, ist auch Au-pair-Mädchen in New York, wie die Briefschreiberin.

genauso weh getan wie Dir selber ... Was auch immer ich alles Schlimme in der Vergangenheit gesagt habe, ich weiß, daß es einfach an der Zeit ist, Dir zu sagen, was für eine *bedeutende* Rolle Du in meinem Leben spielst. 75% von dem, was ich bin, bin ich eigentlich nur *durch Dich*, Mama. Alles, was die Leute an mir lieben: das sind Eigenschaften, [Verhaltensweisen], die Du mir beigebracht hast.

Jeden weisen Spruch, den ich von mir lasse, habe ich von Dir geklaut, und das meiste Handeln von mir baut sich auf Grundlagen auf, die ich von Dir im Kopf habe.

Ich mußte vorhin so heulen, bei der Vorstellung, wie schrecklich es wäre, wenn meine Kinder Dich nicht als *Großmama* erleben dürften, Mama, – wirst Du da noch da sein?

Ich bewundere Dich so für die ganze Liebe und Geduld, die Du Deinen drei Kindern gegenüber aufgebracht hast. Ich merke jetzt manchmal selber mit meiner kleinen Melanie, wie mir ein paar Stunden am Tag schon zu viel werden und wie ich nur noch sehnsuchtsvoll warte, daß die Gasteltern heimkommen, damit ich meinen eigenen Vergnügungen nachgehen kann ...

Dabei wird mir dann bewußt, wieviel Zeit Deines Lebens Du nur für uns Kinder *geopfert* hast. Du warst immer da, wenn wir krank waren. Du würdest extra von der Arbeit heimkommen und mir Medizin von der Apotheke holen. Und Du würdest mir etwas Leckeres kaufen, alles, worauf ich Lust habe. Dann würdest Du stundenlang an meinem Bett sitzen, mir die Hand auflegen und beten. Und mir die Füße massieren ... und aufstehen in der Nacht, wenn es mir wieder schlecht geht.

Du würdest mir immer den Rücken massieren, obwohl Du eigentlich diejenige wärest, die es dringend nötig hätte ... und Du würdest mir meinen länger massieren, auch wenn ich so faul war, und Dir Deinen [Rücken] nur 5 Minuten massiert habe.

Und Du erfreust Dich einfach an den simpelsten Dingen im Leben. Während ich deprimiert vorm Fernsehen liege, würdest Du erfrischt von einer Radtour heimkommen. Du kommst strahlend zur Tür rein und bemerkst, wie schön doch die Welt und die Natur ist ... Und Du läßt Dich auch nicht so schnell entmutigen, wenn Dich daheim nur ein griesgrämiges Gesicht empfängt ... nein, Du munterst dann auch noch auf und sagst mir: Komm, geh auch du raus in die Natur ...

Du kämest Sonntag erfüllt von einer Messe heim, während Deine Kinder nach ihren Rausch von der durchgezechten Nacht ausschlafen ... Aber Du würdest leckeres Frühstück machen und dann versuchen, uns etwas von den tollen Erlebnissen mitzuteilen, die Du an dem Morgen schon gemacht hast ... und trotz ablehnender Haltungen läßt Du Dich nicht so schnell entmutigen ...

Nein, denn Du vertrittst den Standpunkt: *„Jeder Tag ist ein neuer Anfang. Jede Sekunde ist eine neue Chance, von vorne anzufangen."*
Weißt Du, wie schön es ist als Kind mit solchen positiven Sprüchen aufzuwachsen?
Weißt Du eigentlich, daß doch alles hängenbleibt, auch wenn wir [Kinder] meistens genervt reagieren?
Weißt Du eigentlich, daß wir dann heimlich, wenn wir aus dem Haus sind, uns mit diesen Sprüchen schmücken?
Weiß Du eigentlich, daß Richard, Paul und ich [die drei Geschwister] uns oft darüber austauschen und auch bewußt sind, *wieviel Glück* wir mit dieser Mutter, mit Dir, hatten und haben?
Weißt Du, daß wir zehren von Deinen vielen Weisheiten und von Deiner Freude, die Du ausstrahlst?
Weißt Du eigentlich, wie stolz wir sind auf Dich, auch wenn uns manchmal Vieles vor den anderen peinlich ist?

Ja, ich bin immer stolz auf Dich und ich weiß mich so glücklich zu schätzen, daß ich solch eine durch und durch liebende Mama habe. So liebend, daß sie zwischendurch vier Jobs auf einmal hatte, und sich auch noch gleichzeitig von ihren Kindern anschreien und beschimpfen lassen hat.
Ich liebe meine Mama, ich liebe Dich.
Bitte bleib noch ein bißchen da. Ein bißchen lange.

Und egal wie garstig ich bin, vergiß nie, daß ich Dir zu danken habe für alles, was bis jetzt aus mir geworden ist. Tief im Unterbewußtsein bist Du doch der Mittelpunkt.
Ich mag Dein gelbes Sommerkleid!

Deine Tochter

In einer kurzen Reflexion möchte ich diesen Brief kommentieren und das Konzept der Dankbarkeit weiter entfalten. Das erste, was ich sagen will, ist: Es ist *wunderbar*, daß diese junge Frau, angeregt von „Kinofilme über liebende Mamis", sich hinsetzt und einem tiefen Gefühl, welches für das Menschsein und für das geistige Vorwärtskommen unsagbar wichtig ist, Ausdruck verleiht. Eine nur innerlich gefühlte und nicht ausgedrückte Dankbarkeit hat nämlich – analog der nicht ausgedrückten Liebe – nur die Hälfte oder noch weniger jener heilsamen Wirkung, die sie dann entfaltet, wenn sie in Worten und Gesten mitgeteilt wird.
Zweitens: Manchmal braucht ein Mensch einen äußeren Anstoß, der in ihm, in seiner Seele die tiefe Empfindung der Dankbarkeit wachruft. Wohl ihm, wenn er dann sich umsieht, und die angemessene Form für die Danksagung findet.
Drittens: Die gefundene Form der Danksagung will umgesetzt werden. Das heißt: Durch das Wort, durch eine Geste und durch Taten gewinnt die *innerlich* empfundene Dankbarkeit *äußere Konturen*. Was sich im Innen regt, muß im Außen Gestalt und Form annehmen, damit es wirken kann. Und dann erst zeigt sich in voller Klarheit: Dankbarkeit ist eine Seelenkraft, die das eigene und der anderen Leben mit einem *unverlierbaren* Reichtum segnet. Ich will sogar behaupten:

Dankbarkeit ist so wesentlich wie die ewige Liebe! Jedes spirituelle Gut, das Hochreligionen in diese Welt hineingebracht haben, – zum Beispiel die Lehre von der Vergebung und der Versöhnung, die Botschaft von einem ewigen „Vater und Mutter aller Menschen", die Kunde von einer hohen geistigen Hierarchie, die das Heilsgeschehen in dieser Welt lenkt usw. – setzt eigentlich den *innerlich dankenden* Menschen voraus, der zumindest ab und zu schlagartig begreift: Er ist im Grunde für das Kleinste, was jemals an Freundlichkeit, Güte, allerbescheidenste Schönheit, Mitgefühl, sorgende Liebe und Weisheit in sein Leben trat, zu Dank verpflichtet. Keineswegs kann dem Zufall zugeschrieben werden, daß Dankesgebete, Dankesrituale, Dankgottesdienste in allen bedeutenden Hochreligionen an erster Stelle stehen, und daß das sogenannte „Erntedankfest" im Christentum noch *eine Spur* jenes tiefen Wissens bewahr hat, demzufolge der Mensch auch für die physischen Kräfte der Natur, welche die „Früchte der Erde" hervorbringen, Dankbarkeit äußern darf. Und es ist keineswegs zufällig, daß alle große Komponisten zu den religiösen Texten, die von der Dankbarkeit, Lob, Freude sprechen die *herrlichste und kraftvollste Musik* komponiert haben. (Siehe und höre: *Gloria, Sanctus, Te deum* bei allen großen Meistern der abendländischen Musik. Es gibt darüber hinaus ein Werk, das ohne Text *die Dankbarkeit ertönen läßt*. Der Komponist selbst hat es angedeutet, als er diesen einzigartigen symphonischen Satz als „Hirtengesang: frohe und dankbare Gefühle nach dem Sturm" bezeichnet hat. Man höre diesen 5. Satz aus der *Symphonie Nr. 6 in F-Dur*, Op. 68, *Pastorale* genannt, von Ludwig van Beethoven. Es ist die zum *Seelenzustand* gewordene *Seelenkraft der Dankbarkeit*, die hier sich aus-singt und aus-musiziert. ... Ja, die große Musik kann direkt uns lehren, was für eine *Kraft* die Dankbarkeit ist und welch eine hohe Bedeutung sie hat.)

Darüber hinaus ist auch der Sprache Weisheit tief und hoch, wenn sie von ihrer Logik her vorgibt, so sprechen zu müssen: *jemandem für etwas Dank schulden*, oder: *jemandem zu Dank verpflichtet sein*. Es heißt beispielsweise: „Ihren Erfolg dankt sie ihrem Talent und ihrem Fleiß". Und wem dankt sie ihr Talent? Die Frage erinnert uns wiederum an die Erfahrung des Verwiesenseins auf etwas *Vorausliegendes* – oder vielleicht an Jemanden, der uns *voraus* ist?

Genau *diese* zentrale Erfahrung thematisiert die vorhin zitierte Briefschreiberin, indem sie sechs mal mit derselben Frage ansetzt, die ich bewußt und gerne wiederhole:

„Weißt Du, wie schön es ist, als Kind mit solchen positiven Sprüchen aufzuwachsen? [*Und daß ich dafür dankbar bin?*]

Weißt Du eigentlich, daß doch alles hängenbleibt, auch wenn wir [Kinder] meistens genervt reagieren?
Weißt Du eigentlich, daß wir dann heimlich, wenn wir aus dem Haus sind, uns mit diesen Sprüchen schmücken? [*Und froh sind, sie bei Dir gehört zu haben?*]
Weiß Du eigentlich, daß Richard, Paul und ich [die drei Geschwister] uns oft darüber austauschen und auch bewußt sind, *wieviel Glück* wir mit dieser Mutter, mit Dir, hatten und haben?
Weißt Du, daß wir zehren von Deinen vielen Weisheiten und von Deiner Freude, die Du ausstrahlst? [*Und daß wir dankbar sind für diese Freude und Weisheit?*]
Weißt Du eigentlich, wie stolz wir sind auf Dich, auch wenn uns manchmal Vieles vor den anderen peinlich ist?
Ja, ich bin immer stolz auf Dich und ich weiß mich so glücklich zu schätzen, daß ich solch eine durch und durch liebende Mama habe." [*Und da ich diese plötzliche Entdeckung gemacht habe, drücke ich hiermit meine Dankbarkeit aus.*]
Diese 21jährige junge Frau kann uns folgendes lehren: Es gibt im Leben eines jeden Menschen, der einigermaßen zu Bewußtsein gekommen ist, viele Gründe, die **dafür** sprechen, daß wir dankbar sein können und sollen. Manchmal sind solche Gründe verborgen und man muß sie suchen. Manchmal sind sie ganz offensichtlich und deshalb kann man sie so leicht vergessen. Doch wer die Pflege der Dankbarkeit vergißt, der versäumt eine seiner wichtigsten Seelenkräfte für seine Gesundung und Heilwerdung zu nützen. Wie oft dachte ich schon, während ich Menschen um mich herum beobachtet habe: „Dieser Mann, der sich über seine Frau beklagt, merkt gar nicht, wie viele gute Seiten sie hat". Oder: „Jene Frau, die den Mann wegen jede Kleinigkeit nur kritisieren und entwerten kann, obwohl er auf seine Weise für sie und das Kind alles tut, ist wahrlich mit Blindheit geschlagen. Sie hat die Dankbarkeit vergessen".

Wer aber in einem lichtvollen Moment, sich Rechenschaft gibt und Lebens-Bilanz zu ziehen sich bemüht, der bemerkt zu seinem Erstaunen, daß sein ganzes Dasein mit Hunderten – jedenfalls mit mehreren Dutzenden – von kleinen und kleinsten Dingen erfüllt ist, die keineswegs selbstverständlich sind und die noch *gewür-*

digt werden wollen – in Form der Danksagung und des Dankes-Tuns. Davon sprechen folgende Zeilen einer Frau, die mir unter anderen geschrieben hat:

„Ich bin 55 Jahre alt, seit 32 Jahren verheiratet, zwei Kinder. Viele Tiefen in der Ehe habe ich nur durch meinen *Glauben* überwunden. Ich bin bemüht, als Christ zu leben. Vor 20 Jahren bin ich schwer an Brustkrebs erkrankt. Ich durfte überleben und arbeite seit 10 Jahren in meinem Beruf als Krankenschwester. Mit 45 Jahren bin ich nach 20 Jahren Pause, gegen den Widerstand meines Mannes, wieder eingestiegen. Seitdem bin ich sehr, sehr glücklich. Ich bin *dankbar*, daß meine Ehe gehalten hat, daß ich Freundlichkeit und Liebe ins Krankenhaus tragen kann."

Ist es etwa selbstverständlich, daß der Ehepartner einem beisteht, wenn man krank ist?

Daß man Mutter und Vater hatte, die ihr Bestes getan haben, damit es den Kindern gut geht? Könnte dies nicht ein Grund zum Dankes-*Tun* sein?

Ist es etwa selbstverständlich, daß ein Mensch 40, 60 oder 70 Jahre auf Erden existiert, den zweiten Weltkrieg überlebt und Arbeit, Geld und Haus hat? Könnte das nicht ein Grund zum Dankes-Tun sein?

Ist es selbstverständlich, daß wir in unserem bisherigen Leben gute Lehrer hatten, die nicht nur Schulfächer brillant unterrichtet haben, sondern auch *menschlich* leu-chtende Vorbilder waren? Verpflichtet uns solch eine Erfahrung nicht zum Dankes-Tun?

Ist es etwa selbstverständlich, daß man immer wieder Glück im Unglück hatte?

Ja, wird jemand sagen, aber soll man dankbar sein dafür, was ängstigt und was bedrohlich ist?

Man sollte sich dazu folgendes gut überlegen:

Dankbar sein – für die Augen, um Leid sehen zu können.

Dankbar sein – für die Ohren, um Klagen hören zu können.

Dankbar sein – für den Mund, um gegen Ungerechtigkeit zu sprechen.

Dankbar sein – für die Hände, um Schwächeren helfen zu können.

Dankbar sein – für die Fähigkeit, Leid zu empfinden.

Denn wie sonst könnten wir Glück fühlen?[86]

Freilich ist mir klar, daß niemand in sich selbst ein Dankesgefühl mit Zwang erzeugen kann. Darum sollte man vielmehr besinnlich all das anschauen, was man *bisher* erlebt hat und geduldig abwarten, bis sich das Gefühl der Dankbarkeit von selbst einstellt. Doch jeder kann *sich selbst* zur Dankbereitschaft *erziehen*. Wird es langsam klar, was eigentlich Dankbarkeit ist?

Sie ist mehr als nur „Tugend" oder nur „schöne Eigenschaft". Dankbarkeit ist eine *Grundkraft der ewigen Seele*, aus der viele andere Kräfte genährt werden. Selbst bei Tieren gibt es eine Art Sympathie-gefühl dort, wo Erinnerung an Wohltat in ihnen haftet. Aber die menschliche Dankbarkeit ist mehr und anders. Sie ist *Lebensempfindung* und *Lebenshaltung*. Als solche hat sie *Priorität* vor allen anderen Empfindungen und ihr müssen die wärmsten Strahlen der Liebe gehören. Die Briefschreiberin scheint diese warme Strahlen der Liebe für die Mutter *empfunden* zu haben, denn wie ein Leitmotiv wiederholt sie Taten und Handlungen, Weisheiten und Tugenden ihrer Mutter, die in ihr – in der Tochter – Dankesgefühle erwecken. (Zum Beispiel, und ich wiederhole mich bewußt, sechs mal hintereinander fragt sie: „Weißt Du eigentlich, daß wir zehren von Deinen vielen Weisheiten und von Deiner Freude, die Du ausstrahlst?").
In den Lebenserinnerungen von Viktor E. Frankl (1905–1997) fand ich eine sehr interessante Stelle, die einen weiteren Wesenszug der Dankbarkeit thematisiert. Das erneute Zitieren dieses Textes ist kein Zufall. *Frankl* schreibt:

„Ich komme im allgemeinen über Kränkungen hinweg – vielleicht dank einer Ader von Lebenskunst. Immer wieder empfehle ich auch anderen zu tun, was ich mir zu einem Prinzip gemacht habe: Wenn mir etwas zustößt, sinke ich in die Knie – natürlich nur in der Phantasie – und wünsche mir, daß mir in der Zukunft *nichts Ärgeres* passieren soll. Es gibt ja eine Hierarchie nicht nur der Werte, sondern auch der Unwerte, die man sich in solchen Fällen

---

[86] Udo Hahn, Danke für alles, Gütersloh: Kiefel Verlag 1999.

in Erinnerung rufen sollte. In einem WC im Lager Theresienstadt habe ich einmal einen Wandspruch gelesen, der lautete: ‚Setz' dich über alles hinweg und freu' dich über jeden Dreck.' Man muß also auch das Positive sehen, zumindest muß das jemand, der Lebenskünstler sein will. Es geht aber nicht nur darum, was einem in der Zukunft erspart bleiben möge, wie im besagten Stoßgebet, sondern auch darum, was einem *in der Vergangenheit erspart geblieben ist*. Aber jeder sollte für solche Glücksfälle auch *dankbar sein* und sich immer wieder an sie erinnern, Gedenktage einführen und sie feiern."[87]

Dankbarkeit ist demnach die Seelenkraft, das Positive, das Lebensfördernde zu sehen. Dankbarkeit ist diejeneige Seelenkraft, welche den Sinn im Unsinn, das Glück im Unglück wahrnehmen kann. Dankbarkeit ist Lebenskunst.

Die *therapeutische Bedeutung* der Dankbarkeit zeigt sich, sobald man daran geht zu prüfen, was *mir* in der Vergangenheit *erspart* geblieben ist. Ich hätte in einem Land geboren werden können, wo Hunger und Not herrscht, aber ich bin in Europa *nach* dem zweiten Weltkrieg geboren. Ich hätte völlig gelähmt und psychisch zurückgeblieben geboren werden können, aber ich bin relativ gesund auf die Welt gekommen. Ich hatte zwar mein Schicksal, so wie es bis heute geworden ist, aber es wäre möglich gewesen, das mir ein noch viel schlimmeres Schicksal zustößt. Ich hätte Vater eines Kindes werden können, das behindert auf die Welt kommt.

Reflektiert man solche und weitere Konjunktiv-Sätze, die jeder für sich selbst zu Ende denken kann, so entdeckt man zum eigenen Staunen, daß es genau so, wie es im Leben gekommen ist, – mit der dazugehörigen Freiheit, Schuld und Verantwortung, auch mit dem Schicksalhaften, – doch genügend *Anlaß zur Dankbarkeit* in Erscheinung tritt. Drei Beispiele seien hier noch eingefügt.

Erstens: Da ist der Bericht von den beiden Kriegsgefangenen in Sibirien, die sich fragen, wann und wodurch man eigentlich

---

[87] Viktor E. Frankl, Was nicht in meinen Büchern steht. Lebenserinnerungen, München: Quintessenz Verlag 1995, S. 15f.

glücklich sei, und die zu der Antwort gelangen: Zusammensein mit denen, die man liebt.[88] Das heißt doch so viel, wie: Der Mensch kann und soll dankbar sein, wenn er mit denen zusammensein darf, die er *liebt*. Und wenn er das verspielt hat, sollte er dafür *dankbar* sein, daß es ihm überhaupt gegönnt wurde zu erleben, mit jenen zusammen gewesen zu sein, die er liebte; denn wenn er wirklich liebte, *ist* er *geistig* mit den Geliebten (Mitmenschen) zusammen und untrennbar verbunden. Und diese Erfahrung ruft Dankesempfinden hervor.

Zweitens: Da ist ein deutscher Schriftsteller, der nach dem zweiten Weltkrieg aus der Emigration zurückgekehrt ist und berichtet hat: „Zweierlei Glück" sei ihm bei der Heimkehr zuteil geworden: „das eine: helfen zu können, Not zu lindern. Das andere – vielleicht das größte und gnadenvollste, das mir in meinem ganzen Leben beschieden war: *nicht hassen zu müssen*".[89] Und drittens:

In seinem 1939 geschriebenen Buch „Über die Gottlosigkeit" schreibt Bô Yin Râ: „Von meinem *gehirnlichen Denken*, Erkennen und Folgern her, hätte ich mir vielleicht die Bedingnisse meines Erdendaseins mehr als einmal auch anders vorstellen können, als sie sich, mein irdisches Leben bestimmend, bezeugten. Aber immer wieder sah ich dann aus *ewig-geistiger* ‚Ein'-Sicht in die urtiefen ‚*Gründe'* des mir da und dort scheinbar wahllos zuteil gewordenen *Geschehens*, so, daß alle Gefahr verschwand, zu falschen gedanklichen Schlußfolgerungen zu kommen."[90]

Ja, es gibt Umstände und Zustände im Leben, die einen Menschen hinführen zu der Erkenntnis: Eigentlich muß ich schon dafür dankbar sein, daß ich dem zerstörerischen, vergiftenden Gefühl des Hasses *nicht* zum Opfer gefallen bin, obwohl ich, nüchtern gesehen, einige „Gründe" zum Haß ausfindig machen könnte.

---

[88] Zitiert nach Josef Pieper, Lieben, Hoffen, Glauben, München: Kösel Verlag 1986, S. 120f. Gemeint ist das Buch von Helmut Gollwitzer, ... und führen, wohin du nicht willst, München 1951.

[89] Zitiert nach J. Pieper ebd., S. 123. Gemeint ist Carl Zuckmayer, Als wär's ein Stück von mir. Frankfurt 1966. Der Kursivdruck ist im Original.

[90] Bô Yin Râ, Über die Gottlosigkeit, Bern: Kober Verlag 1939, S. 29.

Ich könnte – zum Beispiel – meinen Mann hassen, weil er ein Leben lang ein Alkoholiker war und mein Eheglück zerstörte. Oder:

Ich könnte – zum Beispiel – die Frau hassen, die von heute auf morgen mit einem anderen Mann sich ins Ausland abgesetzt hat und unsere Tochter mitgenommen hat. Oder:

Ich könnte – drittes Beispiel – auf meine Eltern böse sein, weil sie ständig gestritten haben, und so meine Kindheit vergiftet wurde.

Aber, und darauf kommt es an, ich bin letztlich dem Leben dankbar, *nicht hassen zu müssen.*

Und so leuchtet die Botschaft von Dostojewski in dem Roman von den Brüdern Karamasow, die er durch Starez Sossima sagen läßt: „Ihr Väter und Lehrer, was ist die Hölle? Ich denke, sie ist der Schmerz darüber, daß man nicht mehr zu lieben vermag." – Wann vermag ein Mensch, nicht mehr zu lieben? Wenn er die Dankbarkeit vergißt.

Dankbarkeit ist das Bestreben, die besten Kräfte der Seele zur Enfaltung zu bringen, und Haß hindert diese Seelen-Entfaltung. Selbst eine 20-jährige junge Frau, die zunächst über den Suizid ihrer Mutter zutiefst empört und schockiert war, verstand später, daß sie die Mutter nicht hassen darf und schrieb:

„Die größte Erfahrung der Dankbarkeit für mich war, daß ich Jahre später nach dem Selbstmord meiner Mutter eine große Dankbarkeit fühlte und fühle *für* das Leben, das sie mir gegeben hatte."

Es ist einerseits die natürliche Höflichkeit, die von uns verlangt, „Danke" zu sagen, wo immer es angebracht ist. Freilich: „Oft sprechen wir dieses Wort gedankenlos aus. Und trotzdem löst es bei dem anderen Freude und Anerkennung, Zufriedenheit und Ermutigung aus. Wieviel mehr könnte dieses kleine Wort auch bei uns selbst bewirken, wenn wir es *bewußter* sagen würden."[91]

Andererseits kann das schönste Dankeswort kaum etwas bedeuten gegenüber dem Dankes-*Empfinden* und dem daraus folgenden Dank-*Tun!*

---

[91] Udo Hahn, Danke für alles, Gütersloh: Kiefel Verlag 1999.

Ein Jesuitenpater erzählte im Rahmen einer Besinnungswoche: „Bitte bedenken Sie, wie mühsam jene geistliche Bücher, die Sie heute lesen, von früheren, inzwischen vielleicht längst verstorbenen Autoren herausgearbeitet und geschrieben worden sind. Wenn Ihnen ein Buch Licht, Trost und Einsicht vermittelt, wenn Sie aus einem Buch Kraft schöpfen, vergessen Sie bitte nicht, ein *Dankes-Gebet* für jene Schriftstellern zu sprechen!"

Ein Tun aus Dankbarkeit bedeutet: Ich bemühe mich, nach rechten und guten Möglichkeiten zu suchen, gleichfalls *Dankeswürdiges* zu tun, unabhängig davon, ob dem Menschen, dem gegenüber ich Dank empfinde, mein *Dankes-Tun* bekannt wird oder nicht. Durch solches Tun werden weitere Kräfte der Seele zur Entfaltung gebracht, die schöpferische Phantasie wird wach gehalten und die Aufmerksamkeit auf ein Ziel gerichtet, dessen Wahrmachung in dieser Welt, aber auch im Innenraum der Seele, mehr Licht und Harmonie erzeugt. Durch *Dankes-Tun* wird die **Goldkette des Guten** in dieser Welt verlängert. Durch *Dankes-Tun* schaffen wir einen geistigen Raum, aus dem weitere heilende Kräfte in die Welt hineinstrahlen. Das Danken-*Können* ist des Menschen subjektive Fähigkeit, das empfangene Gute zu würdigen. Das Danken-*Können* ist Vorbedingung zum Aufstieg zu bleibend-geistiger Erkenntnis. Wie der deutsche Lebens-Lehrer schreibt: „Es ist nichts leichter als diese Entwicklung, wenn man sie wirklich *will*! Man muß sich nur daran gewöhnen, Tag für Tag und auf jedem Schritt, nach Anlaß zu Dankesempfindungen in sich selbst und in der Außenwelt bewußt zu – *suchen*. Hier läßt sich schwerlich des Guten zuviel tun, aber was sich finden läßt, kann alles Erwarten hoch übersteigen."[92]

Für wie vieles können wir danken? Einige Hinweise mögen hier genügen.

Für ein Lächeln. Für eine helfende Hand. Für eine freundliche Geste. Für ein Wort, das aufmuntert. Für einen Menschen, der das Leben mit mir teilt oder des öfteres mich begleitet. Für einen Lehrer, der längst gestorben ist, aber durch seinen Geist heute noch Kraft und Licht ausstrahlt. Wir können auch danken für kon-

---

[92] Bô Yin Râ, Kodizill zu meinem geistigen Lehrwerk, Bern: Kober Verlag 1969, S. 141f. (2. Aufl.)

struktive Kritik, für Ehrlichkeit und vor allem für die Liebe, die unverdient uns zuteil wird.[93]
Wir sind, merkwürdigerweise, für nichts so dankbar wie für Dankbarkeit (Marie von Ebner-Eschenbach), wenn wir *zuvor* die Danksagung eingeübt haben; denn Danksagung erzeugt unbedingt Dankbarkeit.

Ein pädagogischer Hinweis sei hier noch eingefügt. Man darf vor allem die Kinder oder andere Menschen nicht zum Danken *zwingen*! Und: Man darf Dankbarkeit nicht erwarten. „Dankbarkeit ist eine gar wunderliche Pflanze; sobald man ihr Wachstum erzwingen will, verdorrt sie" (Jeremias Gotthelf). Die Eltern aber sollten sich trotzdem der Pflicht bewußt sein, *das Glück des Danken-Dürfens empfinden* zu lernen, zu lehren und vorzuleben! Im *Danken-Dürfen* nämlich sind Glücksmöglichkeiten verborgen und gegeben, die für die Kinder später ein geheimnisvolles Dauerglück erschließen.
Ich erwähnte bereits: Man darf andere nicht zum Dankbarkeit erzwingen. Aber, wie schon gesagt, man darf und soll selber nach Gründen zur Dankbarkeit bewußt *suchen*. Mich wiederholend betone ich: Es gibt viele Anläße, die ein Dankesempfinden hervorrufen können. Das eigene Wohlbefinden, die geringste Erleichterung, wenn der Körper Schmerz oder Krankheit bewältigen muß, die Auskunft eines Mitmenschen, wenn ich nach etwas suche, – sei es ein für mich wichtiges Buch oder nur eine Straße, die ich nicht finde, – oder das Faktum, daß ich *das Schöne* in der Musik, in der Natur, in den Augen eines Kindes wahrnehmen und empfinden kann usw. usw. ... – all diese und weitere, zahlreiche Kleinigkeiten sollte ich bewußt *wollend* würdigen und für diese Dinge *dankbar sein*.
Gewiß kenne ich Situationen, in denen Menschen offensichtlich *blind* sind und nicht die Gründe zur Dankbarkeit wahrnehmen. Sie klagen und jammern, beschuldigen andere oder verhalten sich rachesüchtig, statt dankbar zu sein.
Kennen Sie jenen Menschentypus, der sich sagt:

---

[93] Vgl. Udo Hahn, aaO.

„Ich *muß* ein Besonderer sein?" Man nennt ihn auch als den „tragischen Romantiker". Er *muß* immer und in irgendeiner Form auffallen. Das ist sein inneres Leitbild und damit auch *Leid*bild. Er will immer wieder außer des (im gesunden, guten Sinne genommenen) Stinknormalen sein und leben. In seinem unerlösten, nicht erwachsenen Zustand tut er sich mit seiner *Weiterentwicklung* besonders schwer. Will ein Außenstehender ihm helfen, indem er mit Engelsgeduld seine Schwierigkeiten analysiert und auf die Wurzeln hinweist, wird der Romantiker antworten: „Du meinst es zwar gut, aber davon, was mich bewegt, verstehst du nichts. Wieso auch könntest du meine *besondere* Art verstehen?" Dieser Typus von Mensch sieht den Beginn seines eigentlichen Lebens immer in der Zukunft. Er sagt sich: „Wenn einmal das wirkliche Leben für mich begonnen hat, dann wird es mir möglich sein, mich natürlich und ursprünglich zu geben."
Und während er auf den Beginn des wirklichen Lebens wartet, *verpaßt* er die *Wirklichkeit der Gegenwart*, beneidet er andere, die sich natürlich und spontan, unbeschwert und einfach normal geben können. Oder er sagt sich: „Meine Gegenwart ist nur eine Probe für die Zukunft, in der mein authentisches Selbst durch die wahre Liebe wiedererweckt wird."
Wenn dann nach Jahren der Hoffnung und der Mühseligkeiten die Vorteile des realen Lebens Konturen anzunehmen beginnen, verlagert sich die Aufmerksamkeit auf das, was (noch) fehlt. Zum Beispiel: Eine Frau hat endlich den heißersehnten Job bekommen, und nun will sie den Mann. Wenn sie den Mann bekommt, will sie *alleine* sein. Wenn sie alleine ist, will sie – zu dem Job, den sie hat und zum Mann, den sie nicht mehr hat, – ein Kind. ... Die Aufmerksamkeit kreist um das, was fehlt. Das, was da ist, erscheint nicht genug wertvoll, schön und zufriedenstellend. Die Fülle dessen, was da ist, erregt in ihr keine Dankbarkeit.
Ein weiteres Beispiel. Ich kannte eine Frau, die 30 Jahre auf den „richtigen Mann" gewartet hat. Den ersten konnte sie nicht „haben", weil er ledig bleiben wollte. Den zweiten konnte sie nicht „haben", weil er eine andere heiraten wollte und auch geheiratet hat. Den dritten hat sie letztlich als Ehemann abgelehnt. Beim vierten konnte sie sich nicht entschließen, den Mann zu heiraten, weil er „zu weit" gewohnt hat. So vergingen 30 Jahre ihres Le-

bens und sie fühlte sich sehr einsam und jammerte darüber, daß niemand sie zur Frau wolle. Schließlich kam der fünfte Mann. Er sagte ihr: „Ich liebe dich, ich nehme dich zur Frau, ich will mit dir Kind und Familie." Die Frau gebar mit 48,5 Jahren ein gesundes Kind. Das war an sich schon genug auffallend, könnte man meinen. Aber nein! Sie hat das Kind gerne angenommen, aber gab dem Mann den Laufpaß, etwa nach dem Motto: „Ich *muß* eine Besondere sein, da ich auch ohne einen Mann *mein* Kind erziehen kann!"

Ich fürchte, sie hat seitdem kein richtig glückliches Leben mehr. Hätte sie, nach dem sie ein gesundes Kind auf die Welt gebracht hat, nicht vielfach *reale Gründe* zur Dankbarkeit gehabt? Hätte sie, wenn sie es wirklich gewollt hätte, den fünften Mann nicht als ihren Mann „haben" können?

Aber genau solche Fragen sind sehr verführerisch. Denn: Darüber zu klagen, wie undankbar die anderen sind, führt *uns selbst* nicht weiter. Darum meditiere man über folgende Leit-Sätze:

„Wünsche dir nicht die Dankbarkeit des anderen. Wundere dich über die offensichtliche Undankbarkeit der anderen nicht. Lehne die Dankbarkeit der anderen nicht ab – gleichgültig von wem sie kommt. Deine Dankbarkeit aber soll aus dir herausströmen, wie das Licht und die Wärme des Feuers: – spürbar allen gegenüber, denen *du* dich zu Dank verpflichtet fühlst. Zeige das Licht und die Wärme deiner Dankbarkeit jenen Menschen, die noch in der Sichtbarkeit erreichbar sind. Und jenen gegenüber, die du auf Erden nicht mehr erreichen kannst, weil sie gestorben sind, zeige deine Dankbarkeit durch – *das Gebet.*"

Das folgende Gebet heißt: **Nach Rettung aus Gefahr.**[94] Es spricht aus der Seele:

Väter im Lichte, –
Heilige Helfer, –
Hilfreich nahe
Allem,
Was nach Rettung ringt!
Inbrünstig –

---

[94] In: Bô Yin Râ, Das Gebet. Bern: Kober Verlag 1981, S. 132f. (4. Aufl.)

Bebenden Herzens –
Sei *Dank*
Euch dargebracht!

Aus drohender Nacht
Zum Lichte erwacht, –
Aus *Not errettet*,
Gefahr entrissen,
Losgekettet
Aus feindlicher Macht, –
Sei nun mein Leben
Euch übergeben!
Eurer Wacht
Sei anvertraut,
Was Ihr
In mir
Aus meinem Streben
Nun *auferbaut*!

Lasset des *Dankes*
Tempel werden
All mein Dasein nun
Auf Erden!

Haben Sie, liebe Leserinnen und Leser, schon Rettung aus Gefahr erfahren? Vielleicht kennen Sie dann das urtiefe, schöne Gefühl der Dankbarkeit.

Es wäre allerdings ein grobes Mißverständnis, wenn jemand nun ständig darüber predigen würde, wofür – die anderen – dankbar sein müßten. Jeder sollte *bei sich selbst* anfangen, Dankesbereitschaft zu entwickeln, Gründe zur Dankbarkeit zu entdecken, Anläße zum Dank-Sagen im Alltag wahrzunehmen, um dann zum *Dankes-Tun*, allerdings ohne große Werbung und „Tam-Tam", zu schreiten. Warum eigentlich soll man immer und so oft Dinge tun nur aus Angst? Es wäre doch viel gesünder und erfreulicher, viele Dinge zu tun – aus Dankbarkeit!

Dankbarkeit führt schlußendlich zum *Seelenfriden*. Die Einübung der Dankbarkeit als Lebens-Haltung bewirkt, das ein Mensch seine innere Ruhe findet.[95]

„Dankbarkeit ist der Schlüssel zu *innerer Ruhe*, zu *Ausgeglichenheit*, zu einem erfüllten Leben. Manchmal hat es den Anschein, wir seien im Besitz des Schlüssels, finden aber das dazugehörige Schloß nicht. Und manchmal haben wir das Schloß vor Augen, ohne den Schlüssel in Händen zu halten."[96]

Um die Dankbarkeit zu entdecken, reicht es schon, wenn jemand eine sogenannte *Lebens-Bilanz* zieht. Ein 80jähriger Mann, Doktor der Medizin, schrieb mir einmal: „Rückblickend auf 80 Jahre sehe ich mein ganzes Leben als ein großes Geschenk. Hohe Erwartungen haben sich erfüllt, Krisen wurden überwunden, gelegentlich komme ich mir vor wie ‚Hans im Glück'. *Ich bin dankbar.*"

Darauf kommt es an: Zumindest ein einziges Mal in sich selbst die Seelenkraft der Dankbarkeit zum Fließen zu bringen. Ich meine zu wissen, daß alle Hochreligionen nur zu diesem Zweck die sogenannte Dankbarkeitsrituale und Gebete der Dankbarkeit entwickelt haben. Die kultische Handlung sollte die Menschen lehren, in sich selbst das tiefe *Dankesgefühl* zu empfinden. Um ein Beispiel zu bringen: In der katholischen Messe wird immer wieder das vierte Hochgebet rezitiert, dessen Präfation, – die mir aus meiner früheren Ministrantenzeit sehr vertraut ist, – wunderbare Impulse zur Weckung des Dank-Gefühls enthält, vorausgesetzt, daß man diese Impulse auf sich *wirken* läßt. Da heißt es:

„In Wahrheit ist es würdig, dir zu *danken*, heiliger Vater. Es ist recht, dich zu preisen. Denn du allein bist der lebendige und wahre Gott. Du bist *vor* den Zeiten und lebst in Ewigkeit. Du wohnst in unzugänglichem Lichte. Alles hast du erschaffen, denn du bist die Liebe und der Ursprung des Lebens. Du erfüllst deine Geschöpfe mit Segen und erfreust alle mit dem Glanz deines Lichtes. Vor dir stehen die Scharen der Engel und schauen dein

---

[95] Bei dieser Reflexion über die Dankbarkeit habe ich mich inspirieren lassen von Bô Yin Râ, Kodizill zu meinem geistigen Lehrwerk, Bern: Kober Verlag 1969, S. 135ff.
[96] Udo Hahn, aaO.

Angesicht. Sie dienen dir, Tag und Nacht, nie endet ihr Lobgesang. Mit ihnen preisen wir auch deinen Namen, durch unseren Mund rühmen dich alle Geschöpfe und künden voll Freude das Lob deiner Herrlichkeit. Heilig, heilig, heilig."

Dieser inspirierte Text ist im höchsten Maße Lob und Dankbarkeit, Danksagung und Lobpreis zugleich. Aber was danach noch folgt, ist der eigentliche *Höhepunkt*, und *ihn* kann nur *die Musik* angemessen zum Ausdruck bringen, was in einer feierlichen Messe auch geschieht.
Dieses Dank-Gefühl und diesen Jubel sollten Sie nun wirklich hören, andächtig lauschend. Ich meine: *Sanctus* und *Benedictus* aus der *Großen Messe in c-moll KV 427* von Wolfgang Amadeus Mozart. Scheuen Sie die Mühe nicht, sich dieses Stück vom CD anzuhören! Wenn Sie es *wirklich gehört* haben, wenn Sie durchdrungen sind von diesen „Tönen der musikalisch ausgedrückten Dankbarkeit", dann bleiben Sie noch einige Minuten *still*. Und in dieser Stille werden etwas Unbeschreibliches erfühlen.

Bald werden Sie wissen, zu welchem *Dankes-Tun* Sie schreiten müssen.
Und Sie werden Ihr Leid überwinden.
Und Sie werden glücklich sein.

Literaturverzeichnis

Böschemeyer, Uwe (1996): Neu beginnen! Konkrete Hilfen in Wende- und Krisenzeiten, Lahr, SKV-Edition

Bô Yin Râ (1939): Über die Gottlosigkeit, Bern, Kober Verlag
Ders., (1969): Kodizill zu meinem geistigen Lehrwerk, Bern, Kober Verlag, (2. Aufl.)
Ders., (1971): Briefe an Einen und Viele, Bern, Kober Verlag 1971 (2. Aufl.)
Ders., (1981): Geist und Form, Bern, Kober Verlag, (3. Aufl.)
Ders., (1983): Das Buch der königlichen Kunst, Bern, Kober Verlag (2. Aufl.)
Ders., (1983): Der Weg meiner Schüler, Bern, Kober Verlag (2. Aufl.)
Ders., (1983): Das Buch des Trostes, Bern, Kober Verlag, (3. Aufl.)
Ders., (1986): Die Ehe, Bern, Kober Verlag, (5. Aufl.)
Ders., Das Buch der Liebe, Bern, Kober Verlag (4. Aufl.)
Ders., (1992): Das Buch vom Menschen, Bern, Kober Verlag (4. Aufl.).
Ders., (1990): Das Buch vom lebendigen Gott, Bern, Kober Verlag, (7. Aufl.)
Ders., (1992): Das Mysterium von Golgatha, Bern, Kober Verlag (5. Aufl.)
Ders., Wegweiser, Bern, Kober Verlag 1992, (3. Aufl.)
Ders., (1981): Das Gebet. Bern, Kober Verlag, (4. Aufl.)

Frankl, Viktor E. (1985): Der Mensch vor der Frage nach dem Sinn, München, Piper Verlag
Ders., Der Mensch vor der Frage nach dem Sinn (1986): München, Piper Verlag
Ders., (1987): Ärztliche Seelsorge, Frankfurt/Main, Fischer Verlag
Ders., (1990): Der leidende Mensch. Anthropologische Grundlagen der Psychotherapie, München, Piper Verlag
Ders., (1991): Der Wille zum Sinn, München, Piper Verlag

Frankl, Viktor (1994): Logotherapie und Existenzanalyse. Texte aus sechs Jahrzehnten, München, Quintessenz Verlag (2. Aufl.)
Ders., (1995): Was nicht in meinen Büchern steht. Lebenserinnerungen, Weinheim, PVU-Verlag (2. Aufl.)
Ders., (1999): ... trotzdem **ja** zum Leben sagen! Ein Psychologe erlebt das Konzentrationslager, München, DTV, (18. Aufl.)

Gibran, Khalil (1991): Der Prophet, Olten und Freiburg/Breisgau, Walter Verlag, (26. Aufl.)

Hahn, Udo (1999): Danke für alles, Gütersloh, Kiefel Verlag

Lewis, C. S. (1991): Über den Schmerz, Gießen, Brunnen Verlag, Taschenbuch-Lizenzausgabe

Lukas, Elisabeth (1989): Psychologische Vorsorge, Freiburg, Herder Verlag
Dies., (1998): Worte können heilen. Meditative Gedanken aus der Logotherapie, Stuttgart, Quell Verlag
Dies., (1998): Lehrbuch der Logotherapie, München, Profil Verlag

Maoz, Rita (2000): Liebe kann nicht sterben, Wuppertal 2000

Mello Anthony de (1988): Warum der Vogel singt? Geschichten für das richtige Leben, Freiburg, Herder Verlag
Ders., (1992): Der springende Punkt. Wach werden und glücklich sein, Freiburg, Herder Verlag

Pieper, Josef (1986): Lieben, Hoffen, Glauben, München, Kösel Verlag
Ders., (1996): Vom Sinn der Tapferkeit, in: Werke in acht Bänden, hier Band 4: Schriften zur philosophischen Anthropologie und Ethik: Das Menschenbild der Tugendlehre, hrsg. v. Berthold Wald, Hamburg: Felix Meiner Verlag
Ders., (1999): Glück und Kontemplation, in Werke in acht Bänden, hier Band 6: Kulturphilosophische Schriften, Hamburg, Felix Meiner Verlag

Rahner, Karl (1962): Über die Erfahrung der Gnade, in: Schriften zur Theologie, Einsiedeln-Zürich-Köln: Benziger Verlag, Band 3

Rauch, Erich (1998): Spiritualität und höhere Heilung. Esoterische Praxis im Alltag, Heidelberg, Hauch Verlag

Schott, Rudolf (1979): Bô Yin Râ. Leben und Werk, Bern, Kober Verlag

Steigleder, Klaus (1983): Das Opus Dei – Eine Innenansicht, Köln–Zürich, Benziger Verlag

Über den Autor:
Dr. Otto Zsok, D – <u>82256 Fürstenfeldbruck,</u> Ordenslandstraße 7, Tel: 08141/911 90. Fax: 08141/91 297
Homepage: www.logos-melos-sophia.de E-mail: otto@zsok.de

<u>Kurzlebenslauf und Publikationen</u>

Dr. **Otto Zsok** (geb. 1957), ist Vater eines Sohnes. Seit 1991 Dozent für Logotherapie am *Süddeutschen Institut für Logotherapie* in Fürstenfeldbruck bei München unter der Leitung von Dr. habil. Elisabeth *Lukas*. Studien: Theologie und Sozialpädagogik (Freiburg im Breisgau) und Philosophie (München). 1998 Promotion in Philosophie an der *Hochschule für Philosophie* in München mit dem Thema: *Musik und Transzendenz. Ein philosophischer Beitrag zur Eruierung der geistig-spirituellen Inhalte der großen abendländischen Musik (Gregorianik, Bach, Beethoven und Mozart)*, Sankt Ottilien: EOS-Verlag 1998.

Nach dem Studium sieben Jahre Tätigkeit als Sozialarbeiter beim Diözesancaritasverband München. Zugleich Rundfunk-Journalist und Übersetzer bei der ungarischen Quartalzeitschrift *Mérleg*. Ausbildung in Logotherapie am *Süddeutschen Institut für Logotherapie* (1986–1989). – Seit 1989 viele Vorträge und Seminare über Lebensthemen aus der Logotherapie und Existenzanalyse sowie Musikmeditationen in Deutschland, Österreich, Ungarn, Italien und in der Schweiz. Vorträge und Seminare unter anderen an den Universitäten von Budapest, Sopron, Ljubljana, Bozen, Bamberg, Konstanz, Dresden, Rostock und München. Dozentur an der Westungarischen Universität in Sopron/Ungarn. Zur prägenden Grunderfahrung seines Lebens gehört die Geburt seines Sohnes (1993), die für ihn als „*mysterium magnum*" Offenbarungscharakter hat, und die klassische Musik. Verfasser mehrerer Bücher zu Lebens-Themen. Dr. Otto Zsok ist verheiratet. Ausgezeichnet mit dem *Förderungspreis des Viktor-Frankl-Fonds* der Stadt Wien (2001).

<u>Buchpublikationen</u> **(Stand: April 2003)**

Dagi oder Fragmente aus der Geschichte einer „sonnigen" Person, Frankfurt/Main: Haag und Herchen Verlag 1991, 99 Seiten, EURO 7,00

Zustimmung zum Leben. Logotherapeutisch-philosophische Betrachtungen um die Sinnfrage, Sankt Ottilien: EOS-Verlag 1994.

Mit einem Präludium von Elisabeth Lukas, (3. Aufl. 2000), 174 Seiten, EURO 12,00

Zustimmung zum Leiden? Logotherapeutische Ansätze, Sankt Ottilien: EOS-Verlag 1995. Mit einem Vorwort von Elisabeth Lukas, 205 Seiten, EURO 12,00

Thomas von Aquin: Urbild, Abbild, Spiegelung. Das Schöne, das Gute und das Wahre in der Schöpfung, hrsg. v. Otto Zsok und Rita Briese, München: Claudius Verlag 1995, 95 Seiten, EURO 10,00

Mut zum eigenen Lebens-Sinn. Themen des Menschseins auf logotherapeutischer Basis, St. Ottilien: EOS-Verlag 1997, 195 Seiten, EURO 11,50

Der mühsame Weg zum Geistigen. Die persönliche Verantwortung des Menschen bei der Sinnfindung, Sankt Ottilien: EOS-Verlag 1999, 136 Seiten, EURO 9,50

Musik und Transzendenz. Ein philosophischer Beitrag zur Eruierung der geistig-spirituellen Inhalte der großen abendländischen Musik (Gregorianik, Bach, Beethoven und Mozart), Sankt Ottilien: EOS-Verlag 1998, (2. Aufl. 1999), 403 Seiten, EURO 24,60

Logotherapie und Glaubensfragen. Das Geheimnis des Lebens erspüren, München: Profil Verlag 1999, 112 Seiten, EURO 8,90

Das Rätsel, das aus Kinderaugen fragt. Die Lehre vom Geistes-Menschen nach Texten von Viktor Frankl und Bô Yin Râ, hrsg. v. Otto Zsok und Rita Briese, München: Profil Verlag 2000, 90 Seiten, EURO 16,00

Der religiöse Urquell dargestellt im Lichte des geistigen Lehrwerks von Joseph Anton Schneiderfranken Bô Yin Râ (1876–1943), St. Ottilien: EOS-Verlag 2001, 249 Seiten, EURO 24,60

Logotherapie in Aktion. Praxisfelder und Wirkungsweisen (Hrsg. Otto Zsok), München: Kösel Verlag 2002, 304 Seiten, EURO 19,95

Vom guten und vom bösen Menschen, St. Ottilien: EOS-Verlag 2002, EURO 11,50

Vertrauen kontra Angst. Vier Grundformen der Angst und deren Überwindung: Eine sinnorientierte Hilfestellung im Geiste der Logotherapie nach Viktor E. Frankl, Fürstenfeldbruck: Eigenverlag 2000, (2. Aufl. 2003), 113 Seiten, EURO 10,00

Vom Sinn und Unsinn des individuellen Leidens. Lebenspraktische Hilfen in logotherapeutischer und spiritueller Sicht, Fürstenfeldbruck: Eigenverlag 2000, (3. Aufl. 2003) 106 Seiten, EURO 10,00

Vom Sinn und Glück des Alters, Fürstenfeldbruck: Eigenverlag 2000, (3. Aufl. 2003) 116 Seiten, EURO 10,00

Diese letzten drei Bücher sowie <u>Thomas von Aquin: Urbild, Abbild, Spiegelung</u> können <u>nur beim Autor direkt</u> bestellt werden. Die anderen Bücher können sowohl beim Autor oder durch Buchhandlungen, auch per Internet, bestellt werden.

Weitere Bücher zu Lebensthemen der sinn- und wertorientierten Logotherapie nach Viktor Frankl können, über die Buchhandlungen hinaus, an der folgenden Adresse bestellt werden:

Süddeutsches Institut für Logotherapie GmbH
Geschwister-Scholl-Platz 8
D – 82256 Fürstenfeldbruck,
Tel-Nr: 08141/180 41, Fax: 08141/151 95.

Das von Dr. Elisabeth Lukas und in ihrer Nachfolge von Dr. Otto Zsok (seit dem 01.04. 2003) geleitete Institut bietet an: Psychologische Beratung, Psychotherapeutische Behandlung, Logotherapeutische Ausbildung und öffentliche Arbeitskreise. Es ist als gemeinnützig anerkannt. Siehe: **www.si-logotherapie-ffb.de**

Bücher von Dr. habil. Elisabeth Lukas (in Auswahl):
Alles fügt sich und erfüllt sich. Die Sinnfrage im Alter, Gütersloher Verlagshaus 2001, 5. Aufl., 96 Seiten, EURO 8, 50

In der Trauer lebt die Liebe weiter. Mit Fotos von Rita Briese, München: Kösel Verlag, 2002, 3. Aufl., 102 Seiten, EURO 15,50

Lebensstil und Wohlbefinden. Logotherapie bei psychosomatische Störungen, München: Profil Verlag 2002, 2. Aufl., 80 Seiten, EURO 8,90

Wertfülle und Lebensfreude. Logotherapie bei Depressionen und Sinnkrisen, München: Profil Verlag 2002, 2. Aufl., 76 Seiten, EURO 8,90

Spirituelle Psychologie. Quellen sinnvollen Lebens, München: Kösel Verlag 2001, 3. Auflage, 182 Seiten, EURO 15,50

Lehrbuch der Logotherapie. Menschenbild und Methoden, München: Profil Verlag 2002, 2. Auflage, 237 Seiten, EURO 21,00
Sehnsucht nach Sinn. Logotherapeutische Antworten auf existentielle Fragen, München: Profil Verlag 1999, 2. Aufl., 155 Seiten, EURO 16,50
Familienglück. Verstehen, annehmen, lieben, München: Kösel Verlag 2001, 190 Seiten, EURO 16,50
Rendezvous mit dem Leben. Ermutigungen für die Zukunft, München: Kösel Verlag 2001, 2. Aufl., 182 Seiten, EURO 15,50
Konzentration und Stille. Logotherapie bei Tinnitus und chronischen Krankheiten, München: Profil Verlag 2001, (2. Aufl.) 87 Seiten, EURO 8,90